中国工会工作品牌丛书

大国工匠
CRAFTSMEN OF THE NATION

郑莉◎编著

中国工人出版社

PREFACE / 前 言

打造工会品牌　服务职工群众

品牌，是被社会普遍认同、有代表意义和影响力的产品。工会工作品牌，是体现工会组织特点、被职工群众广泛接受、社会认可度高、成效显著的工作项目。改革开放以来，各级工会组织在党的领导下，以服务职工为己任，锐意创新，不懈努力，逐步形成了一批党政认同、社会关注、职工群众欢迎的工会工作品牌。

创始于1992年的"送温暖工程"，从以下岗困难职工为主要对象的"两节"慰问走访的"进万家门、知万家情、解万家难、暖万家心"活动，发展到凸显"制度保障"作用，将党和政府保障民生的政策资源系统集成的"送温暖工程"。各级工会组织不断加大送温暖资金投入的力度，惠及广大职工群众，成为工会服务职工群众的一道亮丽风景线。

从1985年起，中华全国总工会启动"五一劳动奖状奖章"（2016年统称为"五一劳动奖"）的评选表彰。其中，五一劳动奖状授予在我国境内依法注册或登记的非跨地区的企业、事业、机关、社会组织和其他组织以及驻外机构，五一劳动奖章授予中国籍员工。"五一劳动奖"是中国工人阶级最高奖项之一，是每一个劳动者、劳动团体的光荣与梦想。

从2015年"五一"国际劳动节开始，中华全国总工会联合主要新闻媒体陆续推出一批我国广大一线技术工人的杰出代表，采取有力措施叫响做实"大国工匠"品牌，唱响了以劳动托起中国梦的时代赞歌。各级工会充分发挥"大国工匠"的示范带动作用，推动建设我国高素质职工队伍，造就出更多的"大国工匠"。

自2007年起，中华全国总工会开始部署创建工人先锋号活动，2008年命名首批全国"工人先锋号"。今天，这一彰显"一流工作、一流服务、一流业绩、一流团队"的荣誉称号,已经成为班组建设的助推器、培育高素质技工的学校和劳动竞赛活动的重要品牌。

2007年10月9日,中华全国总工会下发《"职工书屋"建设实施意见》,一项惠及广大职工群众的公益文化工程就此拉开序幕。历经15年发展,职工书屋(电子职工书屋)已经成为工会服务职工的文化工作品牌,成为广大职工群众读书学习的精神家园。

1983年,中共中央书记处作出了要把工会组织建成职工之家的重要指示。1984年,中华全国总工会在基层广泛深入开展建设职工之家活动。今天,职工之家成为充分发挥广大职工积极性主动性创造性的重要途径,成为职工群众喜爱的家的港湾。

新时代特别是中国工会十七大以来,各级工会以习近平新时代中国特色社会主义思想为指导,贯彻落实习近平总书记关于工人阶级和工会工作的重要论述,以忠诚党的事业、竭诚服务职工为己任,围绕中心、服务大局,守正创新、勇毅前行,助推新时代工会工作创新发展,也为工会优势服务品牌注入了新的内涵。

践行新时代新要求,面对各级工会持续深化改革创新的生动实践,中国工人出版社启动"中国工会工作品牌丛书"修订工作,着重梳理"送温暖工程"、"五一劳动奖"、"大国工匠"、"工人先锋号"、"职工书屋"和"职工之家"等工会工作品牌在新时代的发展创新,为促进工会高质量发展聚力赋能。本丛书聚焦各级工会立足新时代中国特色社会主义新方位、全面深化改革新阶段,团结动员广大职工为推进中国式现代化建功立业的扎实作为,生动展现了工会组织按照党中央关于群团改革的新部署新要求,不断增强政治性、先进性、群众性,最广泛最紧密地把职工群众团结在党的周围,奋力谱写新时代工运事业和工会工作新篇章。

改革创新是时代发展的最强音,也是工运事业蓬勃发展的不竭动力。随着工会工作的不断推进,传统的工会品牌工作被赋予新的内涵,新时期工会改革创新成果正不断涌现,我们将及时进行总结,以更好地反映和展示工会工作品牌建设的最新成果。

CONTENTS / 目 录

引 言

第一章 时光积淀——工会"大学校"培育好工匠
舞台：劳动竞赛出英雄 / 011

技协：小革新做出"大文章" / 022

引领：劳模和工匠人才创新工作室

种下人才"金种了" / 033

第二章 勇立潮头——"大国工匠"闪亮登场
缘起：制造强国的高层考量 / 045

行动：把工匠精神传播开来 / 054

推进：让"大国工匠"家喻户晓 / 059

第三章　打造品牌——谱写新时代劳动者之歌
　　联合：各级工会打造"工匠偶像"／070
　　海选：地方工匠闪亮登场／076
　　代言：一线工匠解码工匠精神／084

第四章　行动升级——缔造工匠人才梯队方阵
　　布局：形成全面培育工匠人才格局／097
　　追求：创新有我　创造有我／104
　　积累：凝聚制造强国的青春动能／107
　　进阶：成为推动高质量发展的"硬核
　　　　　力量"／114

大　事　记

引　言

"匠，木工也。从匚从斤。斤，所以作器也。"这是《说文解字》对"匠"的诠释。

从最初的木匠，到削削柱梁的工匠、雕琢文书的史匠，再到成就大国重器的工匠人才，"匠"早已超越"以技艺做工谋生"的范畴，成为造诣高深、技艺高超的技术工人的代名词，展现着顽强拼搏、锐意进取的奋斗力量。

匠人是一群大隐隐于市的人。他们坚守在平凡的岗位上，凭借超群的技艺、非凡的业绩，成为人们学习的标杆；他们秉持着"执着专注、精益求精、一丝不苟、追求卓越"的工匠精神，成就着时代的传奇。

实现中华民族伟大复兴进入了不可逆转的历史进程。中国共产党第二十次全国代表大会报告指出：从现在起，中国共产党的中心任务就是团结带领全国各族人民全面建成社会主义现代化强国、实现第二个百年奋斗目标，以中国式现代化全面推进中华民族伟大复兴。要把全面建设社会主义现代化国家、全面推进中华民族伟大复兴的宏伟蓝图变成美好现实,根本上要靠包括工人阶级在内的全体人民的劳动、创造、奉献,高质量发展更离不开一支高素质的技术工人队伍,培育具备工匠精神的优秀技术人才队伍显得尤为重要与迫切。

习近平总书记多次在"五一"国际劳动节前夕与劳动模范座谈,对发挥劳模作用,培养优秀技术工人提出要求。

——2013年4月28日,习近平总书记在同全国劳动模范代表座谈时指出,当代工人不仅要有力量,还要有智慧、有技术,能发明、会创新,以实际行动奏响时代主旋律。

——2016年4月26日,习近平总书记在知识分子、劳动模范、青年代表座谈会上强调,无论从事什么劳动,都要干一行、爱一行、钻一行。在工厂车间,就要弘扬"工匠精神",精心打磨每一个零部件,生产优质的产品。

——2018年10月29日,习近平总书记在同中华全国总工会新一届领导班子成员集体谈话时指出，大国工匠是职工队伍中的高技能人才。工会要协同各个方面为劳动模范、大国工匠发挥作用搭建平台、提供舞台，培养造就更多劳动模范、大国工匠。

——2020年11月24日，习近平总书记在全国劳动模范和先进工作者表彰大会上发表重要讲话，对"工匠精神"进行了精辟概括：执着专注、精益求精、一丝不苟、追求卓越。习近平总书记强调，劳模精神、劳动精神、工匠精神是以爱国主义为核心的民族精神和以改革创新为核心的时代精神的生动体现，是鼓舞全党全国各族人民风雨无阻、勇敢前进的强大精神动力。

——2022年4月27日，习近平总书记向首届大国工匠创新交流大会致贺信强调，技术工人队伍是支撑中国制造、中国创造的重要力量。我国工人阶级和广大劳动群众要大力弘扬劳模精神、劳动精神、工匠精神，适应当今世界科技革命和产业变革的需要，勤学苦练、深入钻研，勇于创新、敢为人先，不断提高技术技能水平，为推动高质量发展、实施制造强国战略、全面建设社会主义现代化国家贡献智慧和力量。

大国工匠

党的二十大报告更将培养大国工匠上升到"加快建设国家战略人才力量"层面,强调要"努力培养造就更多大师、战略科学家、一流科技领军人才和创新团队、青年科技人才、卓越工程师、大国工匠、高技能人才"。

2023年,习近平总书记再次对弘扬工匠精神作出重要指示。在"五一"国际劳动节到来之际,习近平总书记指出:"希望广大劳动群众大力弘扬劳模精神、劳动精神、工匠精神,诚实劳动、勤勉工作,锐意创新、敢为人先,依靠劳动创造扎实推进中国式现代化,在强国建设、民族复兴的新征程上充分发挥主力军作用。"

……

习近平总书记一系列重要讲话、重要指示精神,党中央的重大决策部署,为造就更多大国工匠和高技能人才、激发广大职工创新创造潜能指明了前进方向、注入了不竭动力,也激励着广大职工走技能成才、技能报国之路。

在这一背景下,如何建立和完善工匠人才培养体系,不断畅通技能人才发展通道,搭建职工创新创造平台,叫响做实"大国工匠"品牌,努力打造一支宏大的知识型、技能型、创新型产业工人大军,成为中国工会的重要课题。

近年来,在全国总工会和各地方工会的努力下,"大国工匠"已经成为一个工会工作品牌,红遍大江南北。这一品牌的建立并非一蹴而就,而是经过了历史积淀与当代实践。

本书要讲述的是一个关于工会培育工匠人才的故事。需要指出的是,工会培育的不仅是活跃在各行各业的工匠人才,更是涌动在亿万职工心中的热情与力量——积极投身强国建设、民族复兴伟业的时代精神。

第一章

时光积淀

工会"大学校"培育好工匠

第一章 时光积淀——工会"大学校"培育好工匠

2022年10月,金秋的北京吸引了世界关注的目光——中国共产党第二十次全国代表大会隆重举行。党的二十大报告提出:"努力培养造就更多大师、战略科学家、一流科技领军人才和创新团队、青年科技人才、卓越工程师、大国工匠、高技能人才。"将"大国工匠"写入党的二十大报告,为培养造就更多大国工匠、高技能人才指明了方向、提供了遵循。

时间回到2009年。这一年的12月16日,美国《时代》周刊封面赫然出现中国工人的照片。这本被誉为全球最有影响力的杂志,评选"中国工人"为2009年的年度人物。《时代》周刊总编辑理查德·斯坦格尔的解释是:"中国工人是观察中国对世界影响的一个角度,这种影响实在无法估量。"

彼时,许多国家的经济正因国际金融危机的冲击滑向谷底,而中国经济却"风景这边独好",成功实现了"V"形反转。"中国工人"的力量也因此成为西方国家研究中国经济发展的重要因素，而亿万职工群众在实现中国梦的进程中，也发挥着重要作用。

劳动者素质对一个国家、一个民族发展至关重要。无论是在新民主主义革命时期、社会主义革命和建设时期，还是在改革开放和社会主义现代化建设新时期、中国特色社会主义新时代，中国工会都致力于培养造就高素质劳动者大军，团结引导广大职工在推进历史前进的伟大实践中大显身手。在这个过程中，各级工会建立了一系列适合技能人才成长成才、展现风采的平台，并根据经济发展和时代需求不断衍生、完善。

从劳动和技能竞赛，到"五小"等群众性创新活动；从支持技能成果转化，到建立劳模和工匠人才创新工作室……一系列的举措，让不计其数的劳动模范、大国工匠、技能人才脱颖而出，一大批一线工人登上国家科学技术进步奖的领奖台，在国家发展、经济建设中贡献着无与伦比的智慧和力量。

舞台：劳动竞赛出英雄

凡是共同劳动，都存在着竞赛的可能性。马克思说："单是社会接触就会引起竞争心和特有的精力振奋，从而提高每个人的个人工作效率。"

劳动和技能竞赛是社会主义国家为充分发挥劳动者的主动性、积极性和首创精神所开展的群众性竞赛活动，以普遍提高劳动生产率和工作效率为目的。俄国十月革命后，列宁创导了共产主义星期六义务劳动。在中国，劳动和技能竞赛开始于抗日根据地的大生产运动。

无论是直接参与劳动和技能竞赛的企业、职工，还是组织竞赛活动的各级工会，都可以列举出诸多开展劳动和技能竞赛的好处：增强广大劳动者的集体主义精神，创造和推广新的生产技术和操作方法，改善劳动组织，充分发挥劳动者的主动性和创新精神，鼓励劳动者以主人翁的姿态为国家和集体多作贡献，推动企业发展和经济建设，等等。从竞赛活动中产生的一批又一批劳动

| 大国工匠

模范,更成为工会组织为国家建设培养工匠型人才的重要群体。

"好地方来好风光,到处是庄稼,遍地是牛羊。"一首人们耳熟能详的《南泥湾》传唱至今,而背后的故事却已鲜为人们谈起。

抗日战争期间,中国共产党在根据地发动了一场军队屯田和鼓励生产的群众运动。1939年初,中共中央发出"自己动手"、"自力更生"的号召,组织军民开展以开垦荒地、增产粮食为主的大生产运动,在边区政府和军队、机关、学校里建立了一批工矿企业。1940年2月,中共中央提出"集中领导,分散经营"的方针,推动边区和各根据地军队、机关、学校发展自给性的农、工、商业。

陕甘宁边区总工会最先响应中央号召,决定在陕甘宁边区职工中开展生产劳动大竞赛,并于1941年3月20日发布了《关于迎接"五一"生产大竞赛的各项办法》。边区总工会还专门聘请150位知名人士组成"五一"劳动竞赛评判委员会,其中有朱德、李富春、林伯渠、邓发等中国共产党领导人。

号召一出,陕甘宁边区的职工积极响应,延安地区的八路军印刷厂、制药厂、被服厂、化学厂、纺织厂、农具厂等29个企业和绥德的9个工厂也参加了劳动竞赛。

军民发扬自力更生、艰苦奋斗的精神,大生产运动热火朝天。毛泽东、周恩来、任弼时等中央领导同志亲自动手开荒种菜,学习纺纱。1943年春,延安第一次开展了劳动竞赛,中央警卫团的战士杜林森在一次开荒比赛中,创造了一天开荒6.3亩的好成绩。毛泽东夸他:"你的功劳很大,一天开荒六亩多地,称得起劳动英雄。"据统计,1943年,有80%的劳动力参加了互助合作组织。

几年时间,大生产运动取得了巨大成绩:晋绥、北岳、胶东、太行、太岳、皖中六区扩大耕地600万亩以上;陕甘宁边区机关和部队所需细粮(小米)3900万公斤,边区许多部队所需粮食、经费全部实现自给。与此同时,陕甘宁边区建立了公营工厂82个、合作工厂200多个,公营工业职工达万人。这些工厂可以炼铁、炼油、修理机械、制造某些军火。

大生产运动唤醒了革命根据地这块沉睡的土地，带来的不仅是粮食和物质产品，还有千万人的宝贵精神财富。毛泽东指出：它不仅支持了艰苦的抗战，而且积累了经济建设的经验，培养了一批干部，这是不能拿数字来计算的无价之宝。

如歌曲《南泥湾》的主角——三五九旅，在短短3年时间里开荒20.1万多亩，把野狼成群、荒无人烟的南泥湾变成"到处是庄稼，遍地是牛羊"的"陕北江南"，也成就了一段充满革命浪漫情怀的"南泥湾佳话"。

1941年3月20日，陕甘宁边区总工会发布了《关于迎接"五一"生产大竞赛的各项办法》，其中对劳动模范的技术水平和产品质量提出了明确要求。"竞赛英雄模范人物当选具备的条件：一、工作上能遵守劳动纪律，节省原材料，爱护工具；二、技术优良，超过个人生产计划；三、出品质量精美；四、技术上有特别发明与贡献。"可以说，竞赛选拔的都是各行各业的优秀工匠。

第一章 时光积淀——工会"大学校"培育好工匠

1941年4月25日,陕甘宁边区召开了纪念"五一"国际劳动节大会,有274位劳动英雄受到表彰,其中46位是技术革新能手。

自此,大生产运动拉开了社会主义劳动竞赛和劳动模范表彰活动的序幕。而在生产竞赛产生的劳动英雄中,赵占魁可以被称为"第一人"。

赵占魁是陕甘宁边区公营工厂的一名普通工人。在高达2000摄氏度的高热熔炉面前,他始终"冲锋在前":无隔热石棉衣防护,终日汗流浃背,却从不叫苦叫累;每天都早上班、晚下班;努力钻研技术,改进工艺,提高产品数量和质量,并时时注意节约原材料;关心爱护青年工人,常把节约下来的钱交给合作社兴办集体福利事业,或借给附近农民发展农业生产。难能可贵的是,他从来不计较个人的待遇与得失,克己奉公,每遇论功行赏的时候总是让开,认为那是大家努力的结果。

赵占魁被誉为"边区工人一面旗帜"。他的身上体现出了一种新的劳动态度:以主人翁责任感对待工作,把自己锻炼成一名劳动英雄、技术能手、节约模范。这种以新的劳动态度对待新的劳动的精神，带动了广大边区群众投身中国共产党领导的解放事业。

1942年5月，中共中央职工运动委员会和陕甘宁边区总工会派人到边区农具厂检查工作，发现了赵占魁这个先进人物，决定予以嘉奖。消息一发表，毛泽东立即给中共中央职工运动委员会书记邓发打电话说："奖励赵占魁这件事做得很好，这不是奖励一个人的问题。你们把他的优点总结出来，树立标兵，推广到各工厂、各生产单位去。"朱德则称赞赵占魁是用革命者态度对待工作的"新式劳动者"。

无论从当年来看，还是从现在来看，赵占魁的事迹都不算是什么惊人的事，但他是"寓共产主义精神于平凡的工作中"的典范。向赵占魁学习的群众运动首先在他所在的班、股开展，继而在全厂逐步开展起来。军工局、边区总工会、中共中央职工运动委员会也都相继发出号召，在延安和全边区的职工中开展学习赵占魁运动，并派干部到中央印刷厂、茶坊机器厂、延安被服厂等工厂广泛宣传赵占魁的模范事迹，组织推动开展学习赵占魁运动。

第一章 时光积淀——工会"大学校"培育好工匠

1942年金秋时节,边区总工会发出《关于开展赵占魁运动的通知》。同年12月,毛泽东发出指示:"发展赵占魁运动于各工厂。"《解放日报》记者穆青、著名音乐家贺绿汀以及鲁迅艺术学院的作家、诗人们纷纷来兵工厂采访,编写和创造了"学老赵、唱老赵,老赵是工人的好代表"等歌曲和文艺节目,在边区广泛宣传赵占魁的事迹。从此,在中共中央的倡导下,全边区各公营工厂都掀起了轰轰烈烈的学习赵占魁运动,边区职工的劳动态度得到显著改变,主人翁责任感大大增强。

群众性劳动和技能竞赛活动培育了职工的主人翁意识。在活动中,不计其数的劳动模范、优秀工人涌现出来。他们在各个时期,以主人翁的姿态,发挥聪明才智建设着国家。比如,中华全国总工会原副主席、著名劳动模范王崇伦,这位原先的鞍钢工人,在我国第一个五年计划期间,大搞技术革新,研制出万能工具胎;在抗美援朝军品生产中,一年完成了四年的工作任务,被誉为"走在时间前面的人"。

1954年初,全国工业战线相继涌现出一批有影响力的技术革新能手。应全国总工会邀请，他们在首都北京相聚、座谈，讨论如何为实现第一个五年计划作出更新的贡献。其间，王崇伦提出联名向全国总工会建议，在全国开展技术革新运动。

这一想法得到了劳动模范张明山、唐立言、黄荣昌、刘祖威、朱顺余、傅景文的一致赞同。不久，由王崇伦执笔的7人联名建议信被送到全国总工会。全国总工会对这封具有特殊价值的建议信进行了专题研究，并于1954年4月下发了《关于在全国范围内开展技术革新运动的决定》。此后，一个群众性的技术革新运动在中华大地蓬勃兴起。

经济建设主战场在哪里，劳动和技能竞赛就跟进到哪里。经过多年的演化，在各级工会的积极倡导下，劳动和技能竞赛始终顺时应势，从当初狭义的"为完成某项生产或工作任务而组织开展的竞赛活动"，扩展为广义的"职工经济技术活动"的统称，包括生产竞赛、合理化建议、技术革新、技术攻关、技术协作、发明创造、岗位练兵、技术比赛等。参与其中的职工和活动中涌现出的优秀人才不计其数。

——在"十一五"时期,劳动和技能竞赛与经济社会发展同步推进,广泛开展了职工技术创新、技能提升和节能减排活动,同时,还开展了北京奥运会和上海世博会等重大工程建设的劳动竞赛,应对国际金融危机的"同舟共济保增长、建功立业促发展"劳动竞赛,针对汶川、玉树地震和舟曲泥石流的"灾后重建、再立新功"劳动竞赛等。5年里,全国有2.1亿人次参加了各种形式的劳动竞赛,近百万个企业组织了群众性经济技术创新活动,参赛企业之多、参加职工之广、竞赛效果之显著都达到空前水平。

——在"十二五"时期,各级工会将主攻方向锁定为转方式、调结构,以提升职工技能水平和创新能力为重点,先后在金沙江水电开发、西气东输工程、港珠澳大桥、新疆交通项目、保障性安居工程、"西部大庆"、芦山地震灾后重建等重大工程建设和上海浦东新区等8个国家级新区(实验区)建设中开展了示范性劳动竞赛。"十二五"期间,全国已建工会规模以上企业劳动竞赛覆盖面达到80.6%。

大国工匠

为了培育、发掘更多优秀技能人才，中华全国总工会自2003年起联合科学技术部、人力资源和社会保障部、工业和信息化部举办全国职工职业技能大赛，至今已举办了7届。如今，该项比赛已经成为全国规模最大、社会影响最广的一项职工职业技能赛事。一批批荣获"全国五一劳动奖章"和"全国技术能手"称号的优秀技术工人脱颖而出，有力地促进了职工技能水平的提高和高技能人才队伍的建设。据统计，前六届大赛累计吸引6500多万人次职工参加各个层次的比赛练兵活动；仅"十三五"期间，就有1.14亿人次职工参加了各级工会开展的技能比赛活动，有405.6万人次职工通过技能比赛晋升了技术等级。

劳动和技能竞赛培育发掘优秀技能人才、组织动员亿万职工建功立业的功能日益凸显。2018年4月28日，2018年庆祝"五一"国际劳动节暨"当好主人翁、建功新时代"劳动和技能竞赛推进大会在北京隆重召开。全国人大常委会副委员长、中华全国总工会主席王东明指出，要广泛深入持久开展多种形式的劳动和技能竞赛，作为践行为实现中国梦而奋斗这一工运时代主题的重要载体,充分激发新时代工人阶级的精气神,充分彰显新时代主人翁的新作为。

在全国总工会的大力倡导、各级工会的积极实践中,劳动和技能竞赛已从生产型竞赛演变为智能型和技能型竞赛;从注重增强广大劳动者的主人翁意识,发展到创造和推广新的生产技术和操作方法,改善劳动组织,成为区域、行业乃至经济发展的助推器,更搭建起培育"工匠型"技能人才的广阔舞台。

如今,大量非公企业职工也加入劳动竞赛、技术比武等活动中。各级工会以职工技术素质提升、民主管理、安全生产等为着力点,重点在非公企业比较集中的产业集群、工业园区中开展竞赛活动。

借助这一舞台,一线职工在岗位练兵、技术交流中互相学习、取长补短、共同提高,实现岗位成长成才,同时,职工技术创新能力也获得显著提高。据统计,"十二五"期间,全国开展主题竞赛活动的已建工会规模以上企业66万余家,参与职工3.2亿人次;广大职工提出合理化建议

3751.79万件、实施2373.8万件,开展技术革新214.5万项,完成发明创造80.8万项、先进操作法64万项。

各级工会开展的劳动和技能竞赛都指向同一个目标:培养和造就高技能人才,助推职工成长、企业发展、经济建设步入快行道。

技协:小革新做出"大文章"

创新并非科研人员的专利。以一线工人为主体的群众性技术创新,已经成为国家创新体系的重要组成部分。而激发一线职工的创造能量,正是工会培育"工匠型"技能人才的重要切入点。

改善即创新。源自一线职工的"小改小革"可以汇聚出"洪荒之力"。为了保护这份可贵的力量,各级工会编织了创新保障网,帮助一线职工把小革新做成了"大文章"。

2017年1月9日,中共中央、国务院在北京隆重举行国家科学技术奖励大会。

在台下端坐的获奖者当中，年过半百的朱洪斌看起来很朴素，但这位国网江苏省电力有限公司电力科学研究院的高级技师，因一线工人的身份，成为媒体报道的热门人物。他凭借"变压器潜伏性缺陷的油中气体检测技术及应用"项目荣获 2016 年度国家科学技术进步奖二等奖，代表技术工人，与院士、科学家一同登上了国家科技最高领奖台。

朱洪斌从事的工作就像是医院里的验血师——通过检测变压器油中气体的变化分析变压器的运行状况。"现在，变压器油中即使有一百万分之一的气体，我们也能检测出来。"据朱洪斌介绍，此次获奖的项目成果，实现了对变压器油色谱分析全过程的现场实时监控，检测精度提高了 10 倍，并且将数据分析误差降至传统方法的 1/6，实现了变压器潜伏性缺陷的及时、准确诊断。

这项创新成果产生的价值正在显现：自 2014 年起的 3 年内，江苏电网利用朱洪斌的这套技术，共筛查出 220 千伏以上变压器早期缺陷 68 起，降本增效超过 2.5 亿元，累计间接增加的供电量达58.3亿千瓦时。

朱洪斌是第13位由全国总工会推荐登上国家科技最高领奖台的一线工人。随后的几年里，这个名单扩容到了20人。他们都是各自行业的技能翘楚，分别是：王洪军、杨建华、代旭升、赵林源、王康健、许杏桃、李斌、郭晋龙、高森、田明、王进、白伟东、朱洪斌、黄金娟、洪家光、罗昭强、王曙群、何光华、潘从明、李鸿。

在获奖后，几乎每位一线工人都会真诚地说："我的项目能够获奖，是工会多年来精心培养的结果。"

那么，中国工会是如何为一线工人、优秀技能人才打造岗位创新舞台的？

紧紧围绕国家发展大局，以提升职工技能素质和创新能力为重点，各级工会广泛开展了丰富多彩的技术创新活动，包括开展岗位练兵、技能比武、师徒带教等活动，征集合理化建议，组织"小发明、小创造、小革新、小设计、小建议"的"五小"活动，实施技术开发、技术革新、技术攻关、发明创造活动,对全国职工优秀技术创新成果进行评选表彰,等等。

2012年,中华全国总工会联合科学技术部等六部委下发了《关于进一步加强职工技术创新工作的意见》,从加强职工技术培训、开展职工技术创新活动、充分发挥劳动模范和技能人才的引领作用、加强组织领导等方面提出制度安排。如今,许多地方工会联合政府将鼓励职工技术创新纳入各地中长期发展规划、年度计划和意见办法中。

在工会培育职工创新能力的诸多渠道和载体中,中国职工技术协会(以下简称"职工技协")曾发挥过无法替代的重要作用。工会领导下的职工技协是科技类社团,在职工经济技术创新活动中起着引领和骨干作用。其会员主要是掌握先进技术的科技人员、能工巧匠和管理人员,组织的活动紧紧围绕符合国家发展趋势的重要核心技术和特殊技术进行攻关等。

职工技术协作活动在我国有着60多年的历史,被誉为"我国工人阶级的伟大创举",而成规模的群众性技术革新活动则可以追溯到新中国成立之初。

1950年，为了支援抗美援朝，各级工会组织广大职工开展了爱国增产节约运动。来自一线工人的合理化建议活动就此蓬勃兴起。当时，上海市总工会拟定了《合理化建议处理办法》，并在24个工厂试点。到了1951年6月，上海20个纺织、五金工厂职工提出的改进工具、操作技术的建议就有100多条，年节约资金100多万元。1951年1月至8月，甘肃玉门油矿广大职工提出了4400多件合理化建议，其中被采纳的1778件建议为国家创造价值过亿元。

国家进入大规模经济建设时期后，为了提高劳动生产率、降低成本、促进国家生产建设的发展，广大职工积极投入技术革新活动中。1953年9月，全国总工会发出了《关于进一步开展增产节约劳动竞赛，保证全面地完成国家生产计划的紧急通知》。一年后，时任全国总工会主席赖若愚在全国总工会七届五次主席团会议上作了题为《劳动竞赛已经走上一个新阶段——技术革新》的报告，接受了张明山、王崇伦等7位劳动模范的建议，并提出"劳动竞赛不仅是发现职工群众的劳动热情，而且是要不断地改进生产技术与劳动组织，是职工的劳动经验与科学的技术知识相结合"。

1955年，全国总工会主办了"鞍钢技术革新博览会"。随后，各地先后效仿办起了技术革新博览会，为职工提供展现合理化建议和技术革新成果的舞台。

值得一提的是，1955年11月，哈尔滨市成立了群众生产技术研究会，涵盖铸造、工具、热处理、锻压、焊接、电气、机械加工、机床检修8个专业。这个研究会的成员多达200余人，有技术工人，也有工程技术人员和专家学者，真正实现了群众性创新活动"产、学、研"三结合。

20世纪60年代初，我国国民经济发展出现暂时困难，苏联政府单方面撕毁了与我国签订的600多个合同，包括257个经济技术合同，大批苏联专家撤离中国。这些问题并没有难倒伟大的中国工人。技术表演、技术会诊、经验交流协作队、学习讲座、厂际间及地区间协作互助……全国总工会和各地工会带领职工"大闹技术革新和技术革命"，为国分忧，为企业解难。

以倪志福、邹瑞禄等劳动模范为代表的一大批积极分子挺身而出，组织了一批能工巧匠，在劳动人民文化宫的几间小房子里成立了北京市职工第一支技术交流队，利用业余时间进行技术攻关，掀起了北京市技术协作活动的热潮。

这股热潮也席卷到上海。据《上海工运志》记载，20世纪60年代初，上海的一些劳动模范、革新能手在地区工人文化宫和科技协会的组织下，利用工余时间，带着生产中遇到的技术难题，定期开展互帮互学的技术协作互助活动。河南郑州也搞起了以机械行业为重点的万人技术交流、革新、改造活动。这些活动被称为"技术夜市"。

1961年10月，我国首个地方性职工技协组织——沈阳市劳动模范、先进生产者厂际经验交流和技术协作活动委员会，在沈阳市总工会的支持下成立。仅一年时间，厂际经验交流和技术协作活动就由最初的3个工人，发展到覆盖沈阳全市重工、轻工、电业、基建等行业的134个企业、4500多名骨干分子。

在职工自发的技术协作、攻关、革新活动

中，一大批我国工业化发展过程中的重大技术难题得到突破，参加的人越来越多，职工技术协作很快发展成为全国职工的自觉行动。

时任中共中央政治局委员、书记处书记彭真对群众性技术协作活动给予了很高评价："这种职工群众自觉地组织起来进行技术协作的办法同各企业直接领导下的'三结合'相互配合，是依靠广大职工群众，自力更生地多快好省地提高我国技术水平的一条很好的道路。"

在经历10年"文化大革命"后，职工技协组织于1978年恢复活动。全国总工会召开了技术协作工作座谈会，并于当年11月颁布了《群众技术协作组织条例试行草案》，鼓励各地工会开展技术协作活动。此后，沈阳、上海、天津等地先后恢复或组建了技协组织。

1982年12月10日至12日，全国总工会在中南海怀仁堂召开全国职工技术协作委员会成立大会。会上表彰了先进，指明了技术协作活动的主攻对象，即"尽快把能源消耗降下来，使有限能源发挥更大的经济效益"。

20世纪八九十年代，职工技协组织曾得到

大规模发展。各级职工技协组织坚持"为国分忧、为企业解难、为职工服务"的宗旨，积极组织广大技术骨干开展多种形式的群众科技活动，在职工技术素质提升、科技创新、企业技术进步、经济社会发展中发挥了积极作用。

然而，职工技协组织的发展并非一帆风顺。在社会主义市场经济不断发展、改革不断深入的过程中，职工技协组织一度出现基层组织萎缩、会员减少的现象。有的职工技协组织随着企业的关、停、并、转和破产而消亡；有的职工技协组织随着公有制企业改制后的私有化、民营化而停止了活动；有的新建企业由于缺乏对职工技协组织的认识和了解，影响到了职工技协组织的建立和发展。与此同时，技术工人和技术骨干流失更令老工会人感到焦虑。

这些情况引起了全国总工会和各地工会的高度重视。2007年，全国总工会专门颁发了《关于进一步加强职工技协工作的通知》。职工技协组织拥有一大批能工巧匠和技术能手，如果他们都在各自岗位上发挥作用，将是一股多么强大的力量！基于这一认识，全国总工会大力倡导并支持各地职工技协组织的建设,主张围绕创新驱动发展战略,立足"技术"这一核心定位,着重做"创新"这篇大文章。

在各级工会组织的积极推进下,以职工技协组织为依托,职工技术创新活动在新的时期焕发出新的活力。

——各地普遍开展了评选表彰职工优秀技术创新成果活动。仅在2013年举办的第四届全国职工优秀技术创新成果评选表彰活动中,职工申报的成果就达1469项,其中100项获奖,97项达到国内先进水平,33项达到国际领先或国际先进水平,73项被推广应用,年节约资金和创造经济效益53.2亿元。天津、甘肃、江西等省(区、市)技协组织还普遍开展了先进操作法命名活动。

——开展"我为节能减排作贡献"活动,积极宣传了节能环保知识,推广了节能减排技术。在第四届全国职工优秀技术创新成果中,涉及节能减排的职工创新成果占63%。

——在各地和全国各产业广泛开展不同层次的职业技能比赛,吸引广大职工踊跃参赛,参赛人数逐年增加。以内蒙古、安徽等地为例，每年开展的技能比赛涉及上百个工种；甘肃、广东还对在省级比赛中理论和实操合格的选手，颁发相应的技能等级证书。

——建设一大批职工职业技能实训基地，为广大一线职工提供技能培训。全国总工会命名了130家全国职工职业技能实训基地。各地还开展了订单式、定向式培训。如江苏等省依托重点大中型骨干企业开办企业培训机构，实施免费技能培训；北京市实施"暖·助推"计划，对符合条件的在职职工，按所获技能等级给予补贴。

为了进一步发挥高技能人才的智慧和力量，一方面，各级职工技协组织积极创造条件，推动职工技术创新成果向现实生产力转化。2011年至2014年，各级职工技协组织共组织职工签订技术合同7.78万份，实现经济效益62.96亿元。另一方面，积极组织动员广大职工开展技能培训和练兵、技术交流和帮扶、选树技能带头人、师徒结对等活动。如浙江开展"技术服务年"、"技术攻关月"活动，组织技术服务队到企业开展技术帮扶和服务活动；上海与云南职工技协签订2012

年至2016年两地协作协议，建立技术协作帮扶长效机制。仅2014年，各地就选树技能带头人53.2万人，师徒结对74.1万对。

走过半个多世纪的中国职工技术协会根据《中共中央办公厅 国务院办公厅关于印发〈行业协会商会与行政机关脱钩总体方案〉的通知》和《国家发展改革委 民政部 中央组织部 中央编办 中央和国家机关工委 外交部 财政部 人力资源社会保障部 国资委 国管局关于全面推行行业协会商会与行政机关脱钩改革的实施意见》，已于2021年完成脱钩改革，正立足新技术、新手段，为实现技能人才培养、创新能力提升、创新成果孵化转化"一体化"而不懈努力。

引领：劳模和工匠人才创新工作室种下人才"金种子"

2016年4月26日，习近平总书记在知识分子、劳动模范、青年代表座谈会上的讲话中指出："要为劳动模范更好施展才华、展现精神品格提供全方位支持,使他们的劳动技能、创新方法、管理经验能广泛传播,充分发挥示范带动作用。"

习近平总书记的重要指示,让广大工会干部推动发挥劳模作用的干劲更足、脚步更坚定。

长期以来,中国工会始终注重模范先进人物、技术能手、创新人才的培养选树和典型宣传,发挥他们的示范引领作用。劳模创新工作室的创建,就是发挥劳模示范带头作用、培养优秀技能人才、激发职工群众创新创造活力的一个新平台。

劳模创新工作室(2017年后统称为"劳模和工匠人才创新工作室")源自劳模先进人物领衔的团队创新活动,体现了工人阶级的无穷智慧和创造活力。实践证明,这项创建活动在促进劳动者素质提升、推动企业技术进步、产业转型升级和创新驱动发展等方面发挥了不可替代的积极作用。

与劳动竞赛、职工技协相同,劳模创新工作室也是"一线的智慧"。

第一章 时光积淀——工会"大学校"培育好工匠

2004年8月9日,徐州矿务集团有限公司(以下简称"徐矿集团")庞庄煤矿挂牌成立了"殷春银创新工作室"。这是江苏省第一个以劳模名字命名的创新工作室,也是当年全国煤炭系统的独一份。这个小小的工作室,正式开启了全国劳模创新工作室的创建工作。

已有130多年开采历史的徐矿集团面临资源枯竭的困境。这家拥有一批劳动模范和先进集体的老国企,将振兴企业发展的目光投向充分发挥劳模的作用上。

"劳模创新工作室作为一种团队学习、集成创新模式,是新形势下提升职工队伍整体素质的有效举措,是发挥工会大学校作用,建设知识型、技能型、创新型职工队伍的有效途径。"2007年,江苏省总工会在徐州召开劳模创新工作室创建活动现场经验交流会,以创建劳模创新工作室的方式推动创新型班组建设。

殷春银何许人也?他是全国劳模、中华技能大奖获得者、全国技术能手,人称矿山"爱迪生"。在煤矿一线工作的30年中,他始终立足岗位进行攻关技术,实现革新成果47项,其中9

项获省、市、公司科研成果奖，2项获评国家实用专利，创造效益500多万元。

几年后，殷春银退休了。正是有了创新工作室，这位老劳模的技能经验和创新精神才得以传承下来——他的徒弟吴圣洲接过了创新工作室的接力棒。为进一步发挥创新工作室的作用，企业设立了关键技术研发专项资金，重新配备了计算机、扫描仪、绘图仪等设计绘图设备，更新了车床、电焊机、钻床、刨床等加工实验设备。

这个小小的创新工作室成为集设计、试验、推广应用于一体的技术创新"研究院"，曾取得完成58项科研成果、获得4项国家专利、摘得11项科技成果奖、创效860多万元的佳绩。

劳模创新工作室还成为企业培育"工匠型"技能人才的实训基地：根据小组成员的文化水平、操作能力和专业技术，制订实施月度、季度和年度学习培训计划，量身打造一线职工"快速成长路线"；邀请技术创新型人才导师授课，传授技术和经验……庞庄煤矿"精一门、会两门、懂三门"的复合型人才越来越多。

一花独放不是春，百花齐放春满园。为使创

建活动健康开展,江苏省总工会下发了《江苏省劳模创新工作室创建工作规范化意见》,要求各级工会确保劳模创新工作室"有牌子、有场所、有设施、有制度、有台账、有经费"。

省级第一家,市级首个,环卫、电力、建筑系统首个,公安边检首个……如今,以劳模名字命名的创新工作室已遍布各行各业,如雨后春笋,破土而出,茁壮成长。

2013年至2022年,全国总工会命名297家全国示范性劳模和工匠人才创新工作室,示范带动创建各级各类创新工作室8.2万余家。为支持创新工作室开展相关活动,省级以上工会划拨了大量经费。

这样的发展速度,源于工会组织对劳模创新工作室功能的清醒认识:破解技术难题、培养大批技能人才、传承劳模精神。

劳模创新工作室是由有较强技术能力、业务能力和创新能力的劳模先进人物领衔,以技术创新、管理创新和服务创新为主要手段,以解决企业现场难题、推动企业创新发展为目标的群众性创新工作团队。

"一个高素质的创新团队远比一个优秀个人的力量大得多。"曾致力于推广劳模创新工作室模式的全国总工会原经济技术部负责人认为,劳模创新工作室不仅是推进经济社会发展的加速器、激发职工创新创优的发动机,更是保持和发展劳模先进性、促进职工成长进步的加油站。

全国总工会自2006年起,在有关劳动竞赛和劳模工作的多个文件中,都要求在企业普遍建立劳模创新工作室,为劳模发挥骨干带头作用搭建有效平台。

全国总工会历任主要领导也高度重视劳模创新工作室创建工作,要求宣传和推广劳模创新工作室的经验做法,发挥劳模和工匠人才在推动技术创新中的领军作用。

2014年11月26日,全国劳模创新工作室创建工作推进会在江苏省常州市召开。时任全国总工会党组副书记、副主席、书记处书记刘国中出席会议并讲话,指出要以创新精神推动劳模创新工作室创建工作广泛深入开展,抓好国有企业和非公企业创建活动,不断扩大覆盖面,增强其创新攻关能力、人才培养能力、集成创新能力。值得关注的是,会上,全国总工会首次命名了97家工作室为全国示范性劳模创新工作室。

为进一步发挥劳模创新工作室创新、攻关、集聚、引领的功能,全国总工会设立了职工创新补助资金,并出台《职工创新补助资金管理办法(试行)》,明确职工创新补助资金重点支持劳模创新工作室开展技术攻关、技术革新、发明创造和技能培训等活动。

各级工会也积极推进劳模创新工作室创建工作,劳模创新工作室的创建也得到了各地方党政的重视和支持:截至2017年,有9个省市的党政领导先后对此作出指示和批示;致力于推动劳模创新工作室创建工作的各省(区、市)文件达50多份,其中北京、河北、上海、浙江、四川等省市工会联合相关厅局出台专门文件;上海市总工会与市发改委、市经济信息化委、市科委、市人力资源和社会保障局、市知识产权局联合下发了《关于推动一线职工岗位创新,促进"大众创业、万众创新"的若干意见》。

由劳动模范领衔的工作室更成为企业的创新

载体，源源不断地催生出推进企业发展的"金点子"，种下人才的"金种子"。仅浙江省，2015年省级劳模创新工作室就实施完成各类技术创新项目5000多个。

在工会组织的精心培育下，劳模创新工作室为优秀技能人才施展才华提供了固定的活动场所、基本的设备设施和必要的工作经费，更培育了一批具有高超技艺和发明创造能力的攻关团队，培养造就了一批优秀工匠。通过广泛传播劳模的劳动技能、创新方法、管理经验，特别是通过劳模传授经验、开展交流、实地培训等方法，劳模创新工作室提升了职工技能素质，增强了职工创新能力。仅2014年命名的97家全国示范性劳模创新工作室，就培训各类职工6.7万余人，"师徒结对"3000余对，帮助7800余人提升了技术等级。

时间的年轮无声地向前。伴随时代的发展，有着数十年历史的劳动竞赛、职工技术创新活动非但没有没落，反而顺应潮流，兼收并蓄，丰富了形式，扩展了平台，融入越来越广阔的内涵。

在2015年，这些老载体遇见了新内容——叫响做实"大国工匠"品牌。

第二章

勇立潮头

"大国工匠"闪亮登场

第二章 勇立潮头——"大国工匠"闪亮登场

2015年11月9日,习近平总书记主持召开中央全面深化改革领导小组第18次会议,审议通过了《全国总工会改革试点方案》。试点方案明确提出要做强工会工作品牌,充分发挥工人阶级在实现中国梦中的主力军作用,特别强调了一项重要任务——叫响做实"大国工匠"品牌。

随即,一场特殊的座谈会在全国总工会办公大楼里召开。

2015年11月20日,位于北京西长安街的全国总工会大楼接待了一批特殊的客人:大国工匠、劳动模范、地方工会干部和技校学生代表。他们都是来参加全国总工会与中央电视台召开的大国工匠座谈会的。

时任全国总工会党组书记、副主席、书记处第一书记李玉赋出席座谈会并讲话,强调大国工匠是我国广大一线技术工人的杰出代表,要着力打造和做强"大国工匠"等品牌,在充分发挥大国工匠的示范带动作用、推动建设一支高素质职工队伍、关心关爱大国工匠等高技能人才上下更大功夫,引导广大职工向大国工匠学习看齐,为夺取全面建成小康社会决胜阶段的伟大胜利更充分地发挥工人阶级主力军作用。

会上,大国工匠代表、中国商飞上海飞机制造有限公司高级技师胡双钱等就立足岗位、成就梦想作了发言;中国兵器工业集团公司直属工会和上海市总工会有关负责同志介绍了培养和宣传大国工匠的经验做法。

这次座谈会正式拉开了全国工会系统培育"大国工匠"品牌的序幕。

全国总工会提出叫响做实"大国工匠"品牌,源于怎样的考量?从组织座谈会的全国总工会领导的一番话中或许能够找到答案:十年树木,百年树人,大国工匠支撑的就是党和国家的伟大事业。

一年之后,变化悄然到来。2016年12月14日,《咬文嚼字》杂志发布了"2016年十大流行语","工匠精神"从上百个候选语中脱颖而出,入选年度十大流行语。

工匠精神的流行,可以说是偶然中的必

然——中国制造要完成一场品质革命，需要一批精益求精、敬业专注的优秀工匠。也因此，大国工匠不仅成为人们追捧的明星，更受到国家的重视，一项项旨在选树大国工匠、培育工匠精神的顶层设计加紧出台。

创新、协调、绿色、开放、共享——新发展理念为培育大国工匠提出了新的维度。始终致力于培养优秀技能人才的工会组织借势而为，在全国总工会的倡导下，开启了一场寻找、培育"大国工匠"的行动……

缘起：制造强国的高层考量

梳理"大国工匠"流行起来的历程，2015年具有特殊的意义："大国工匠"这个具有传统、传承、传奇意味的名词，在这一年强势来袭。

作为一个专用名词，其最早出现在中央电视台2015年"五一"国际劳动节期间播出的一档8集系列片里。这一系列片讲述了17位不同岗位的劳动者，用他们的灵巧双手匠心筑梦的故事。

大国工匠

他们当中有为长征火箭焊接发动机的国家高级技师高凤林、錾刻大师孟剑锋、"蛟龙号"载人深潜器首席装配钳工顾秋亮、LNG（液化天然气）船焊工张冬伟、宣纸捞纸工周东红，还有各个行业的"首席"——中国大飞机首席钳工胡双钱、高铁首席研磨师宁允展、港珠澳大桥岛隧工程首席钳工管延安，等等。

他们从事的职业，原本并不为人们所了解。但在屏幕上，他们令人拍手称绝的高超技艺、精益求精的职业精神以及数十年如一日的坚持，感动了千千万万的人，也展示了大国工匠这一新时期我国工人阶级的群体形象。当时系列片的创作者可能没有想到，这部全国总工会与央视总台联合制作的片子连续拍了10季，传播了数十位大国工匠的工匠精神事迹，成为高品质、高影响力的系列品牌。仅2016年"十一"期间，大国工匠微博话题阅读量就超过2.8亿次，3000万人参与《大国工匠》系列片新媒体直播互动，视频被播放300万余次，网友点赞500多万次，评论100多万条。

无独有偶，2016年初，一部小众纪录片《我在故宫修文物》也在网络上意外走红。这部只有3集的纪录片在中央电视台九套首播，当时反响并不大。时隔一个月，它却在一个以年轻用户为主的视频弹幕网站"哔哩哔哩"上走红，短时间内点击量就超过了200万次。纪录片讲述了一群在故宫里埋头苦干的"匠人"。他们和他们的师傅、徒弟们，一辈子只做着一件事：苦心孤诣地修复故宫180多万件文物，为后世子孙留存中华文化精华。这样的努力日复一日，代代传承。

大历史，小工匠，择一事，终一生——这样平淡的职业选择，触动了很多人特别是年轻人内心最柔软的地方。

无论是大国工匠系列片，还是小众纪录片，它们所讲述的每一个普通人都在发光。这些人的成功之路不是上名校或成为白领精英，而是追求职业技能的完美和极致。每天上班后，门一关，外界所有的喧嚣就和他们绝缘了。靠着传承和钻研，凭着专注和坚守，他们把手中的工作做到最好，也凭借高超技艺成为国宝级的顶级技工，成为一个领域不可或缺的人才。他们用手中的精致作品告诉人们，什么才是真正的匠心！

中国要实现工业强国的目标,任务十分艰巨,这从一颗小小的"圆珠"就能看出来。

2017年新年伊始,一则"重磅新闻"被《人民日报》、新华社等中央媒体竞相报道:圆珠笔笔头终于实现了"中国造"。

许多网友惊呼:原来我们用了那么多年的圆珠笔,核心技术竟然刚实现"中国造"!

2016年1月4日,在钢铁煤炭行业化解过剩产能、实现脱困发展工作座谈会上,时任国务院总理李克强诘问:钢铁产能已经过剩,却生产不了圆珠笔笔头的圆珠?

这背后是一个令人尴尬的现实:中国可谓当之无愧的制笔大国——有3000多家制笔企业,20余万名从业人员,年产圆珠笔400多亿支,但大量的圆珠笔笔头的圆珠需要进口。

作为世界制造业大国,我国却无法实现一个小小零件的完全自主研发和生产。其实,像这样一个小小圆珠的尴尬,我国很多制造业领域也都面临。

比如高档数控机床。我国数控机床目前还是以中低端产品为主,高端数控机床主要依赖进口。2017年的数据显示，国内80%的高端数控机床靠从国外进口。

比如高端医疗器械。2017年，我国投入使用的高端医疗器械中，80%的中高端CT监视仪，85%的检验仪器，90%的超声波仪器、核磁共振设备、心电图机等都是外国品牌。

还有电脑操作系统基本被微软垄断，数码单反相机基本都是日本制造……

习近平总书记指出，一个国家一定要有正确的战略选择，我们的战略选择就是要继续抓好制造业。

制造业高质量发展，是我国经济高质量发展的重中之重。要实现高质量发展，完成制造强国战略目标，亟须培育一大批具备高超技能和奉献精神的大国工匠。

2017年的全国两会上，全国政协委员、时任全国总工会经费审查委员会主任李守镇代表全国总工会在全体会议上发言，他亮出了两组数据。

是刚刚过去的春节，615万名中国出境游客境外消费达1000亿元，人均花费是其他国家游客的 3.5 倍，从奢侈品到电饭煲、马桶盖，无所不买。要知道，跻身全球第二大经济体的中国，有约 220 种工业品产量位居世界第一，是名副其实的制造业大国。千亿元购买力"肥水外流"的背后，正是我国制造业"大而不强"的尴尬所在。

二是由于产业工人整体素质和技能水平不高，我国劳动生产率水平仅为世界平均水平的 40%，相当于美国的 7.4%。以 2015 年为例，我国单位劳动产出 7318 美元，世界平均水平是 18487 美元，而美国是 98990 美元。

"简单地说，一个美国人创造的财富，相当于我们 13 个人创造的财富，这也是我国工业制造'大而不强'的主要原因之一。在市场竞争日益激烈、制造强国号角吹响的今天，我们靠什么赢得主动、成就梦想？"李守镇的一番话，道出了当时许多人的担忧。为此，李守镇疾呼：要实现我国从制造大国向制造强国的华丽转身，建设高素质产业工人队伍、打造更多"大国工匠"已是当务之急！

对此，党和政府已经开始从顶层设计进行

谋划。

——2015年5月19日，国务院印发中国实施制造强国战略第一个十年的行动纲领，坚持把人才作为建设制造强国的根本，加快培养制造业发展急需的专业技术人才、经营管理人才、技能人才。建设一支素质优良、结构合理的制造业人才队伍，走人才引领的发展道路。

——2015年10月29日，中国共产党第十八届中央委员会第五次全体会议审议通过的《中共中央关于制定国民经济和社会发展第十三个五年规划的建议》（以下称为《建议》）强调，要加快建设人才强国。这为工人阶级发挥主力军作用提供了广阔舞台，对建设大国工匠式的高技能人才队伍提出了新的更高要求。

《建议》还明确提出，要"推行终身职业技能培训制度"、"推行工学结合、校企合作的技术工人培养模式，推行企业新型学徒制"、"提高技术工人待遇，完善职称评定制度，推广专业技术职称、技能等级等同大城市落户挂钩做法"、"提高劳动力素质、劳动参与率、劳动生产率，增强劳动力市场灵活性，促进劳动力在地区、行业、企业之间自由流动"。

2016年3月5日,第十二届全国人民代表大会第四次会议上的政府工作报告指出:培育精益求精的工匠精神。这是"工匠精神"首次被写入政府工作报告。

据新华社2016年两会期间的报道,参加全国两会的代表委员认为,培育工匠精神切中了当下中国经济发展的要害。工匠所代表的精益求精、推陈出新的精神,将带动中国从制造大国走向制造强国,确保中国经济保持中高速发展。

"百年以上历史的企业,日本有3000多家,德国有800多家,中国有多少家?"正因为对这个问题有着清醒的认识,全国人大代表和政协委员们被政府工作报告提到的"工匠精神"所触动。

"国际上一些'百年老店'都非常注重品牌建设,品牌建设的支撑是品质,而实现高品质的产品终归还是要靠具备工匠精神的员工。"代表委员认为,培育工匠精神不能停留在口号上,要付诸行动。需要在制度上做好设计,通过物质奖励和精神鼓励等手段,培养一批专业、专心、专注的技术工人,让他们扎根专业领域,深耕细作、精益求精,打造中国制造的金字招牌。

高水平工匠队伍是国家产业核心竞争力的重要组成部分。如何培养大国工匠、重塑工匠精神?党和政府从顶层设计上努力解答,并将工匠精神融入各行各业、各个领域。

在培育大国工匠和工匠精神的过程中,作为党联系职工的桥梁纽带,工会组织不能缺位,也不会缺位。

进入新时代,对大国工匠的发掘和培育进入了快车道。

从2015年11月召开大国工匠座谈会起,全国总工会带领各级工会以改革试点和产业工人队伍建设改革为契机,在叫响做实"大国工匠"品牌上下足了功夫,推动更多大国工匠式的技能人才不断涌现。

一场培育、学习、宣传大国工匠,弘扬工匠精神的工会行动在全国各行各业,在亿万劳动群众中全面展开。

到2021年,"工匠精神"一词先后5次被写入政府工作报告。这不仅折射出我国在推动高质量发展过程中对技术人才的高度需求，也体现了工匠精神在整个社会层面上已成为备受推崇和重视的精神力量。

行动：把工匠精神传播开来

用一杆焊枪为火箭焊"心脏"，为 LNG 船"缝合"薄如纸片的殷瓦钢，一把锉刀可以打磨出比发丝还要纤细 10 多倍的精密件，为高速动车研磨出严丝合缝的定位臂对接点，一支錾子能够在金、银、铜上雕刻出千变万化的艺术图案，一双手臂左右摇摆便能"捞"出世界上最好的宣纸，加工的数十万个零部件没有一个次品，在深海安装操作仪器实现零缝隙……

这些听起来"神奇"的技艺，并不是神话，而是出自 8 位国宝级工匠之手——中国航天"发动机焊接第一人"高凤林、LNG 船焊工"牛人"张冬伟、"蛟龙号"载人深潜器首席装配钳工顾秋亮、高铁首席研磨师宁允展、錾刻大师孟剑锋、宣纸捞纸工周东红、中国大飞机首席钳工胡双钱、港珠澳大桥岛隧工程首席钳工管延安。

2015年5月28日,全国总工会邀请他们走进北京市工贸技师学院,让他们用自身成长成才的故事告诉年轻学子,当一名有价值的好技工是光荣的!

"机械化程度越来越高,锉、焊、磨这些手工技术还有存在的意义吗?""钳工、焊工在加工制造中还能有一席之地吗?"十七八岁的技校生们对未来感到迷茫。

面对一张张年轻的脸庞,高凤林的回答坚定而自信:"任何先进技术都是手臂的延伸,科技如何发展都不能替代人们劳动的双手。如果说,科学家是'做梦'的人,那么技术工人的职责就是把梦想变为现实。"

坐在一旁的胡双钱用力点着头说:"设备先进了,但优秀的钳工依然很吃香。以制造大飞机为例,许多零件要实现精细化生产,数控机床、电子设备都是做不到的,还要靠钳工手工完成。事实上,世界一流的飞机制造公司都保留着钳工岗位,钳工的待遇与工程师一样,甚至更高。"

"只要热爱这份工作,不断追求技术的极致,不管在哪里,都是不可替代的。"宁允展和管延安凭着多年苦练习得的手感,可以精确感知0.05毫米的金属研磨空间、螺丝扣和螺丝帽之间的凹点,这也让他们成为不可替代的人才。

"刻苦、勤奋、专注、坚持、用心、自信、负责……"虽然这堂特殊的专业课不到3个小时,年轻的技校学生们却能一口气列举出从前辈们身上感受到的众多品质。

每天都是"锉、锯、刨",学生们知道,未来的学习时光将充满枯燥和辛苦。但8位大国工匠的出现,在他们心中搅起了不小的波澜:"也许有一天,我也能成为他们那样的人……"

"大国工匠进校园"活动可以追溯到全国总工会组织的"劳模进校园"活动。

早在2010年,全国总工会就开始组织全国劳动模范走进校园,与青少年学子互动交流。

2010年,在全国劳动模范和先进工作者表彰大会期间,著名的"抓斗大王"包起帆作为首批劳模走进北京市交通学校。与此同时,十几位劳动模范走进清华大学、北京科技大学、北京八中、北京中关村第一小学，为广大青少年提供了走进劳模世界的机会。

"许多人都认为上职校做工人没出息。我当工人时，只有初中二年级的学历，是一名装卸工，凭着苦学、创新，拿了国家科学技术进步奖，谁还能说我这个工人没出息？"包起帆的这番话，赢得了台下200余名学生雷鸣般的掌声。面对台下这些"未来的技术工人"，包起帆原本准备了一份25页的讲稿，但他很快改了主意，"我要用亲身经历给这些年轻人鼓鼓劲儿"。

这是全国首次举办"劳模进校园"活动。随即，"劳模进校园"活动在全国各地陆续开展，并逐渐衍生出劳模大讲堂、劳模巡回宣讲团等形式，走进机关、企业、社区，让劳动模范与社会公众零距离接触，广泛传播劳模正能量。

随后，"劳模进校园"活动进一步发展。许多地方工会提出，让学生走出校门体验劳模工作，将活动有机融入学校教育教学计划中，把组织"劳模进校园"活动作为未成年人思想道德建设的重要抓手，教育和引导青少年从小树立辛勤劳动、诚实劳动、创造性劳动的观念，通过自己的劳动创造美好生活。

为吸引青年人，工会组织可谓别出心裁：有的将劳模典型事迹提炼成贴近青少年的小故事、小画报、小读本、小动画，在思想政治课、品德教育课上讲授；有的开辟了劳模课堂，让劳模走进学校、走进课堂；有的利用劳模微博等新媒体，及时与年轻网友互动；有的在学校配备校外劳模辅导员，邀请劳模与班级结对；还有的将单一的进校园形式，扩容为成立劳模文化研究中心，组建劳模讲师团，设立劳模育人实践基地，开展"走近劳模"系列活动……

自2015年开始，"劳模进校园"活动又增加了新的形式——大国工匠进校园。2016年10月10日，全国总工会与教育部携手，邀请高凤林、宁允展等大国工匠走进校园，现场展示技艺，与师生交流互动，传授学习技能的经验和体会。

与此同时，主办方还通过聘请大国工匠为客座教授、倡导在学校建立大师工作室等形式，实现年轻学子与大国工匠之间的长期联系，教育引导学生深刻理解工匠精神内涵，树立正确的人生观、价值观和职业观，为职业院校和企业合作培养更多大国工匠搭建平台。

无论是提高"中国制造"的质量,还是促进中国制造业升级,都离不开技术工人充满创造力的双手。曾多次参与策划大国工匠学习交流活动的工作人员表示,举办这些活动是为了充分发挥大国工匠的示范带动作用。"大国工匠的话语很平实、工作很平凡,但他们娓娓讲述的成长经历,让年轻的'90后'、'00后'们看到了技术工人是实现制造强国目标的正能量,直观感受到优秀工匠所具备的严谨、专注、敬业之心,由衷地称赞他们'伟大'。"

让平凡人感动平凡人,让"劳动最光荣、劳动最崇高、劳动最伟大、劳动最美丽"从口号变为青年人的行动,这或许就是邀请劳动模范、大国工匠走到人们身边讲好"劳动故事"的时代深意。

推进:让"大国工匠"家喻户晓

对于拥有近3亿名会员的中国工会来说,培

育大国工匠的独特优势不言而喻。

4万余名——全国劳动模范和先进工作者以及全国五一劳动奖章获得者的数量；数亿人次——参加劳动竞赛和技能大赛职工的人数。这些都成为寻找、发掘大国工匠的富矿。

2016年1月底，全国31个省、自治区、直辖市总工会和10个全国产业工会陆续接到了全国总工会办公厅下发的一则"寻人启事"——《关于开展"身边的大国工匠"推荐学习活动的通知》。通知指出，大国工匠是立足本职岗位，勤奋学习、刻苦钻研，追求卓越、技艺超群，淡泊名利、甘于奉献，为国家建设和发展作出重要贡献的优秀技术工人。他们身上集中体现了工人阶级伟大品格和劳模精神、劳动精神，充分展示了主人翁风采和优秀品质。为进一步弘扬劳模精神、劳动精神，在全社会营造"工人伟大、劳动光荣"的时代新风，定于2016年开展"身边的大国工匠"推荐学习活动。

活动目的是通过推荐学习活动，大力弘扬工人阶级伟大品格和劳模精神、劳动精神，发挥先进模范人物的示范引领作用，着力营造劳动光荣、知识崇高、人才宝贵、创造伟大的社会氛围,引导广大职工进一步焕发劳动热情、释放创造潜能、建设美好生活,为实现"十三五"规划目标任务,实现"两个一百年"奋斗目标和中华民族伟大复兴的中国梦作出新的更大贡献。

这也意味着全国工会系统叫响做实"大国工匠"品牌有了更加系统的措施。

从2016年1月至12月,一场声势浩大的"寻找大国工匠"行动在全国各地、各行业全面铺开。

胡双钱是中国商飞上海飞机制造有限公司的一名普通工人,出生在工人家庭,造飞机是他从小的梦想。1980年,胡双钱如愿进入5703厂参与运十飞机制造,心里别提多高兴。工作时,他每天向师傅请教加工经验,抽空练习,节约工资购买相关书籍,提升技能水平。

然而,运十飞机在首飞后没多久就停飞了,胡双钱的同事、同学陆续跳槽。当时,有人邀请他到外单位"挣大钱",但他想:"大飞机肯定要造的,我要留下来。"

时间证明胡双钱的坚持是对的。2008年,中

大国工匠

国商飞成立，现在他每天加工 ARJ21 新支线飞机和 C919 大型客机零件，工作十分开心，这种梦想成真的感觉是多少钱都买不来的。

核准、画线，锯掉多余的部分，拿起气动钻头依线点导孔，握着锉刀将零件的锐边倒圆、去毛刺儿、打光……胡双钱每天都做同样的动作，虽然枯燥却十分重要。

日复一日，这位平凡的钳工用产品质量践行了对生命的尊重。他经手的零件没有出过一次质量差错。他所在的岗位连续 12 年被公司评为"质量信得过岗位"，他也被授予产品免检荣誉证书。也因此，他走进了中央电视台《大国工匠》系列片的镜头。

《大国工匠》系列片的播出，让胡双钱一夜之间成为家喻户晓的明星——接受习近平总书记等党和国家领导人接见，荣获全国劳动模范称号和全国五一劳动奖章，被各级工会和企业邀请座谈交流。

学习交流会、故事征文、感言征集、媒体宣传……各级工会采取丰富多彩的行动，将胡双钱这样的优秀工匠典型推到公众面前，将工匠精神变成人们看得见、听得到的真实故事。

通过工会组织的"寻找大国工匠"活动，许多原先名不见经传的一线职工脱颖而出。

其中，有当时中国航天系统最年轻的特级技师王曙群。十几年来，他带领团队攻克了多项关键技术，练就了"精、新、准、快"的绝技绝活儿，带出了一支技术过硬的载人航天总装队伍，成长为载人航天工程总装战线上的领军人物。在2011年与2012年，神舟飞船和天宫载着由王曙群团队亲手装调的对接机构，在太空中上演了一场又一场完美的"太空之吻"。

还有被誉为"工人院士"、生产空警-2000预警机新型雷达的胡胜；有让水泥窑成功变身为"城市净化器"的技术能手郭玉全；有坚守穷乡僻壤的铁路养路工王庭虎；有被称为"中国核电建设百科全书"的李政；有依靠一双"火眼金睛"救死扶伤的放射科医生耿道颖……

通过全国铁路、民航、金融、教科文卫体、海员建设、能源化学地质、机械冶金建材、国防邮电、财贸轻纺烟草、农林水利气象等产业工会的深入走访和发掘，一大批大国工匠脱颖而出。

据不完全统计，截至 2016 年 9 月底，各地已推荐"身边的大国工匠"近万名。

在全国总工会的积极推动下，2016 年，"大国工匠"登陆中央新闻主流媒体、网站的重要版面和黄金时段，形成了主流媒体强力推进、网络媒体同步互动的全方位、高频次、立体化宣传态势。

2018 年，由全国总工会与央视总台深度合作推出的首届"大国工匠年度人物"发布活动再次引发社会关注。发布活动启动以来，各级工会层层组织推荐选拔，职工群众广泛参与，经过认真审核材料、广泛征求意见、反复对比遴选、专家评审，最终评选出 10 位"大国工匠年度人物"。这项发布活动至 2023 年已举办 4 届，推选出 40 位家喻户晓的大国工匠，他们用自己的奋斗故事诠释着"执着专注、精益求精、一丝不苟、追求卓越"的工匠精神，激励着青年一代走技能成才、技能报国之路。

与此同时，全国总工会与中央网信办联合开展"中国梦·大国工匠篇"大型主题宣传活动，组织中央重点新闻网站记者深入企业生产车间一线，采访报道工匠典型200余名，并开设活动专题、专栏，广泛传播工匠精神。

在全国总工会的积极倡导和协调推动下，大批中央主要媒体加入"大国工匠"的宣传报道中。如《人民日报》、《工人日报》开设"大国工匠"专栏，推出专版，制作刊发宣传广告。"劳模工匠进校园"活动也先后举办近百场全国性示范活动，带动各省（区、市）开展2.1万余场活动，组织4.5万人次劳模工匠走进学校。

伴随着"大国工匠"品牌越发响亮，越来越多的青年人看到了身边闪亮的工匠身影。

有网友在微博上留言说："当看见哈雷戴维森工厂的装配工自豪地对儿子说'街上那些漂亮的摩托车里有我的签名'的时候，我想，我们的中国工匠也应该有这种荣誉感，社会需要给予技术人才更多尊重与重视。"

伴随着越来越多大国工匠和技术工人的故事飞入百姓家，工匠精神也日益成为鼓舞广大职工立足岗位积极投身伟大事业的强劲动力。

第三章

打造品牌

谱写新时代劳动者之歌

第三章 打造品牌——谱写新时代劳动者之歌

工匠精神和劳模精神、劳动精神一起,已被纳入中国共产党人精神谱系。2020年11月,习近平总书记在全国劳动模范和先进工作者表彰大会上精辟概括了工匠精神的内涵:执着专注、精益求精、一丝不苟、追求卓越。

新时代,高铁动车、航天飞船、大国重器等成就背后,都离不开大国工匠的倾情奉献,离不开工匠精神的支撑,也离不开对工匠精神的继承与弘扬。工匠精神是时代精神的生动体现,折射着各行各业劳动者的精神风貌,每个人都可以是工匠精神的诠释者和践行者。

实现制造强国战略迫切需要一支庞大的具备工匠精神的技术工人队伍。因此,需要大力弘扬工匠精神,打造一大批大国工匠,培育更多知识型、技能型、创新型技能人才,团结引导亿万职工脚踏实地地把每件平凡的事做好,为推动制造业高质量发展、科技创新不断进步贡献智慧和力量。

为了让工匠精神的践行更加深入人心，全国各级工会正在不懈努力，让越来越多的大国工匠和普通劳动者登上主流媒体的重要版面和重点时段，成为新媒体镜头聚焦的对象，让大国工匠成为这个时代的精神标杆，谱写新时代的"劳动者之歌"。

联合：各级工会打造"工匠偶像"

继中央电视台推出《大国工匠》系列片后，上海市总工会与东方卫视深度合作，重磅推出了电视纪录片《上海工匠》，并选择在2015年国庆节期间每天在黄金时段播出。

这部纪录片可谓"大制作"：摄制组采用了最先进的4K高清摄像机，并出动了直升机在外滩、杨浦大桥、马勒别墅、洋山深水港等地进行航拍。生动鲜活的电视画面只为讲述一个个感人质朴的真人真事——展现16位上海工匠精益求精、严谨细致的高超技艺，追求完美、创造极致的职业精神，攻坚克难、创新超越的优秀品质。

纪录片以点带面地告诉观众，在上海有一批为国家、为城市默默奉献的能工巧匠，而正是许许多多这样的普通劳动者，建造起了共和国的大厦。

这是上海市总工会与东方卫视的第二次合作，此前它们已经推出《劳动最光荣》大型电视公益宣传节目。

打造工匠偶像，传承工匠精神，这是上海市总工会学习借鉴《大国工匠》系列片，推出《上海工匠》电视纪录片的初衷。上海市总工会主要负责人介绍说，上海市总工会注重充分整合和运用社会资源，宣传造势。宣传活动包括举办开播仪式，在全市地铁、公交、楼宇等空间播放上海工匠宣传片，并通过上海工会官方微信公众号和工会会员服务卡、短信平台，向首批122万名会员定向推送影片播放信息。让上海市总工会始料未及的是，纪录片在社会上引发强烈反响，其衍生出的16部《上海工匠》绝技展示微电影在网络上点击量超过百万。

制作《上海工匠》电视纪录片只是上海市总工会推出"五个一"宣传培养优秀工匠的举措之

大国工匠

一。此外,上海市总工会还开展了工匠精神大讨论,推动工匠精神成为广大职工的价值追求;开设"上海工匠"论坛,邀请世界500强企业、政府官员、大学及研究机构学者、职工劳模代表,围绕弘扬工匠精神进行交流研讨;举办"海派匠心"展览,与新华社上海分社等单位联手,运用实体、模型、视频、图片、虚拟现实(VR)及现场展示等手段,展出工匠作品,讲述工匠故事,塑造"上海工匠"的卓越群像;编印《上海工匠》主题图册,用工人自己的镜头拍摄展示"上海工匠"的个人风采和高超技艺。

展现风采不过是上海市总工会众多行动中的第一步。随后,上海市总工会推出了一个大胆的计划——于2016年起,用10年时间培养选树1000名"上海工匠",打造一支与加快上海建设科技创新中心和实施制造强国战略要求相适应的高技能领军人才队伍。

首批100名"上海工匠"选树活动从2016年5月18日持续至6月17日。全市职工登录申工社App平台,在首页"今日推送"中找到活动信息,或进入"上海工匠"栏目内,即可报名申请参加评选。通过最终审定的选手,由上海市总工会授予"上海工匠"荣誉称号,颁发证书和一次性奖金5000元及纪念铜章一枚。此外,符合条件的职工,还能获得上海市五一劳动奖章及奖金5000元。

据悉,"千人计划"包括三个方面内容:

——以表彰激励为源,选树千名上海工匠。从2016年起,全面实施"上海工匠"培养选树千人计划,每年在市级层面培养选树100名具有突出工艺专长、掌握高超技能、体现领军作用、作出突出贡献的"上海工匠",到2025年选树1000名"上海工匠"。

——以培养扶持为本,助推"上海工匠"职业发展。鼓励各单位和各级工会注重对"上海工匠"的再培养、再锻炼和再提升,在综合分析个人特点、兴趣、需求和能力的基础上,结合企业、行业、城市经济社会发展的趋势,为他们量身定制个性化的职业生涯发展规划,帮助他们获得更好、更长足、更全面的发展。

——以传承带动为要,建设"三型"职工队伍。推动工匠所在单位建立以工匠名字命名的工作室，引导工匠积极参与"高师带徒"活动，并通过技能分享会、技艺研习班等多种形式，使工匠技能得以传授、经验得以传递、精神得以传承。

此前，上海市总工会还与多部门联合制定了《关于推动一线职工岗位创新，促进"大众创业、万众创新"的若干意见》，对职工创新的平台、环境、动力、机制和支撑服务等方面提出了22条具体措施。

上海市总工会主要负责人表示，这些活动就是要进一步增强职工创新创造的动力，让职工群众积极投身创新创造活动。"必须解决动力机制问题，要始终坚持用美好蓝图来凝聚职工，用更多的获得感来吸引职工，用劳动光荣、创造伟大的时代精神来激励职工。"

事实上，当时不仅在上海，对于全国各级工会来说，拓宽渠道深入发掘和树立大国工匠形象，并借助多媒体向全社会强力推介，已经成为工会干部们的"不二选择"。

——2016年"五一"国际劳动节前夕，湖南省总工会启动了"工人阶级宣传月"活动，以

"讲好劳动故事、传承工匠精神"为主题,组织中央、省级主流媒体记者赴部分市州开展专题采访,并在省内主要媒体安排重要版面、时段,开辟"劳动最美丽"、"主力军风采"、"匠工绝活"等专栏,集中宣传报道。同时,还组织文艺工作者与新闻媒体记者共同深入基层一线访劳模,将"文化大餐"直接送到基层一线。

——合肥市总工会与新闻媒体联合推出了"身边庐州工匠"特刊,以10个整版篇幅报道10位合肥能工巧匠,讲述了一线职工平凡而精彩的工作经历,展现了"合肥制造"的风采。

——贵阳市总工会启动了寻找"筑城工匠"系列活动,采用"互联网+"、"线上线下结合"等形式,组织开展"艺术匠人"走基层绘工匠、"筑城工匠"手机随手拍摄影大赛、"中国梦·劳动美——我身边的工匠"手机诵读大赛三项活动,发动广大职工群众积极参与,通过眼睛、耳朵、心灵,感受和发现自己身边的"筑城工匠"。首届活动就有5.55万名职工和群众参与了手机随手拍和诵读比赛的投票,通过网络和纸媒报道的"筑城工匠"达百余名。

——湛江市总工会重点关注基层、一线、操作岗位职工群体,联合《湛江日报》开设"湛江工匠"专栏,并通过微信、网络等多种媒体,向全社会讲述工匠故事,进一步营造"劳动最光荣、劳动最崇高、劳动最伟大、劳动最美丽"的社会风尚。

……

各级工会多管齐下的努力,不仅宣传了"工匠精神",更为下一阶段的海选"工匠明星"造足了势头。

海选:地方工匠闪亮登场

中国历史上并不缺少优秀的工匠。

春秋战国时期的鲁班就是家喻户晓的中国工匠。他对如何提高劳动效率和工艺水平十分专注,喜欢小发明、小创造。正是因为这种专注,他的发明创造很多,包括曲尺、墨斗、刨子、钻子、凿子、铲子等。这些发明极大地提高了工匠们的劳动效率和工艺水平,传用至今。

还有发明"被中香炉"的西汉著名工匠、发明家丁缓，完成世界上第一部冶炼著作《周易参同契》的东汉人魏伯阳，雕刻洛阳龙门大佛像的东晋石刻雕塑家戴逵，古代冶金专家綦毋怀文……他们都具备相同的品质：执着专注、精益求精、作风严谨、敬业守信、推陈出新。

为了完成一件作品，为了改进一项工艺，这些工匠可以几个小时、几天、几年甚至倾其一生专注其中。这正是他们的作品得以流传千年、他们的名号为世人称道的根源。

当下，这样的优秀工匠也分布在各个岗位上。各级工会所做的，就是要发现他们，将他们的故事传播出去，让他们成为明星，让工匠精神引领时代潮流。

北京市总工会首次开评"北京大工匠"！2016年10月20日，北京各大媒体同时刊登了这一则重磅新闻。

北京市总工会启动2016年"北京大工匠"评选工作，将评选命名10名"北京大工匠"以及20名提名奖。评选涉及10个工种，包括数控机床操作工、焊工、钳工、中药炮制工、汽车维修工、汽车装调工、工程测量员、电气设备安装工、手工木工、贵金属首饰手工制作工,这些岗位都是符合北京发展方向的产业工种。评选对象不设门槛,重点面向一线、操作岗位工人,不受性别、学历、技能等级、工作年限等条件限制。

以往评选活动的常规做法是组织推荐。为让更多技艺精湛和怀有一技之长的职工有机会参与此次活动,2016 年的评选工作在设计申报流程时,专门为无法获得区总工会、产业工会和社会团体组织推荐的职工开辟了个人自荐申报参评渠道,只要符合工种要求和加入工会组织两个条件,即可以个人自荐方式直接向北京市总工会申报参评,没有名额限制。

自荐虽无技能等级门槛,但想成为"大工匠",必须技术过硬,具有高超的技能技艺,处于行业顶尖水平或者独一无二的地位,能够打造行业最优质的产品,推动企业技术革新,提高生产效率,还要乐于传帮带,帮助更多职工成长为技能骨干等。同时,自荐者个人必须是工会会员。

一时间,北京市各基层单位掀起了一场为工匠点赞的热潮。技能竞赛、现场切磋、工匠比武、单位最佳工匠人气排行榜……通过灵活多样的活动形式,一批能工巧匠、技能达人脱颖而出。

据介绍,当选"北京大工匠"的职工可享受北京市劳模的相关待遇,包括获得研修学习、疗休养、展示技能、国际交流等机会。同时,还将有机会推进工匠创新成果推广、转化和应用,拥有工匠名字命名的职工创新工作室,并在开展技术攻关、技术创新,破解创新难题时得到工会提供的资源支持。此外,工会还把提高工匠工资待遇纳入集体协商内容,鼓励用人单位在职工津贴标准制定、技能等级评审、岗位聘用等方面向"北京大工匠"倾斜。截至2023年,北京市总工会已选树了三届"北京大工匠"。

"××工匠"在各级工会开展的选树活动中遍地开花。

——中共广东省委宣传部、广东省总工会联合开展了推荐"身边南粤工匠"学习宣传活动,

大国工匠

20位"南粤工匠"榜上有名:端砚泰斗黎铿、"玉雕大师"李克生、地铁技师张重阳、"最后的花佬"许炽光、钣金工叶世远、钢琴调律师陈德然、水下工程师廖菲、叉车工曹祥云、创意人马可、超声显示器工程师黄贵松、纺织高级工程师何小东、钳工黄仲贤、云计算专家冯万良、机修班长杨向东、工艺美术师陈培臣、炼钢工人胡从柱、电力检修班长何满棠、高级网络支撑专家黄昭文、建设设计师王河、火电工程技师邱朝领。

——2017年新年伊始,湖北省总工会与湖北省人力资源和社会保障厅、湖北日报传媒集团、湖北广播电视台联合在全省开展的"荆楚工匠"选树活动进入全省公示阶段,经过层层海选产生出20名首届"荆楚工匠"人选和10名"荆楚工匠"提名人选。

——四川省总工会在全省连续开展三届"寻找四川工匠"活动,形成了以"大国工匠"为引领、以"四川工匠"为中坚、各级工匠队伍蓬勃发展的良好局面。截至2023年,四川省总工会已累计选树"大国工匠"4人、"四川工匠"

180人、市（州）级工匠3101人。四川省总工会大力开展劳模工匠宣讲活动，线上线下、分众化开展主题宣传宣讲2000余场，覆盖职工上千万人次，通过讲好工匠故事，推动工匠精神和工匠文化进园区、进企业、进学校，让工匠精神成为企业文化、校园文化的重要内容。

——安徽省总工会推出的"安徽工匠"可以享受省级特殊荣誉，表彰在从事的职业和岗位中，拥有一技之长或高超绝技，具有丰富的理论知识和实践经验，在实施工艺、技术等方面具有不可替代的、至关重要的作用的人。

——2016年开始，杭州市总工会启动"杭州工匠"认定，截至2023年，已累计认定"杭州工匠"150名。紧扣浙江省委数字经济创新提质"一号发展工程"，积极发挥杭州数字经济先发优势，杭州市又在2023年发布了首届杭州"数字工匠"50名，充分激发数字领域人才创新活力。为充分发挥榜样引领作用，让劳模工匠从车间走向讲台，2019年，杭州在全省率先推出"劳模工匠进校园"活动，每年结合不同主题开展，引导大、中、小学生怀匠心、践匠行，助力

| 大国工匠

杭州打造"工匠摇篮"。

……

"海选"是各级工会遴选优秀工匠的关键词,而网络让更多一线的普通职工有机会成为候选人。

如何在信息碎片化的时代,更好地发动职工群众开展大型活动?不同地区的工会组织给出了相同的答案:充分利用网络,策划接地气的活动,让更多一线职工有机会亲身参与其中,让他们既可以当评委,又能成为候选者。

贵阳的电力系统职工余云华一有机会,就用手机拍摄身边同事们的工作场景。他留存这些照片并不是为了发朋友圈,而是上传给"筑城工匠"手机随手拍摄影大赛活动组,希望通过自己的照片展示电力职工的敬业态度,传播正能量。

"第二届中国好工长技能大赛在京启动。为增强网络互动人气指数,本届大赛将选出四类工种网络点赞第一的工长,每人直接奖励现金5000元。"这项由中国机械冶金建材工会全国委员会与中国建筑材料流通协会联合主办的赛事,以发扬大国工匠精神为基础,以"传技艺、树标杆、促创业"为重点,以"惠民生"为目标。大赛工种分为水电工、木工、瓦工和油工四类,通过海选、晋级赛、半决赛层层选拔,最终在总决赛产生每个工种的前三名。大赛还特别引入门户网站参与,新浪装修、抢工长平台和新浪家居共同举办"装修直销惠——工长+工厂装修省一半"活动,吸引了千余名工长参与。而在黑龙江和上海,经过海选进入候选名单的职工则覆盖更广泛的职业群体。

黑龙江省总工会开展了"龙江工匠"选树宣传活动,经基层工会层层推荐,通过资格预审、综合评审、社会公示、终审决定四个环节,从232名候选人中选树秦世俊等10人为首批"龙江工匠",其他候选人也被录入省总工会"龙江工匠"人才数据库。

在上海,首批88位"上海工匠"中有专业技术人员,也有普通工人,近七成为高级技师或技师,涵盖了电力、钢铁、船舶、航天、汽车、通信、建筑、交通等多个行业领域。有29人曾有发明专利,占总人数的32.9%;32人拥有实用新型专利,占36.4%;9人拥有外观设计专利，占 10.2%。尤其值得一提的是，上海全市共有 583 名职工参与"上海工匠"培养选树活动，其中自荐人数达到 142 名。活动还吸引了不少非公企业职工参与，占总人数的 30%。

截至 2023 年，全国总工会联合中央广播电视总台已选树"大国工匠"103 名，其中"大国工匠年度人物"40 名、"大国工匠新闻报道人物"63 名；各省（区、市）已选树宣传省级工匠 6600 名，地市级工匠超过 3.8 万名；各产业工会也积极开展本行业的工匠选树培育活动。线上线下整合、新媒体和传统媒体融合、工会组织和广大职工联合，不仅全面弘扬了工匠精神，更调动了人们参与活动的积极性，扩大了选树优秀工匠的覆盖面和工匠精神的传播面，也提升了职工群众对工会活动的知晓率、参与度，将"劳动者之歌"唱得更响亮。

代言：一线工匠解码工匠精神

优秀工匠代表着中国劳动者的气质，比如信

仰坚定、立志报国的品格，勤学苦练、精益求精的精神，争创一流、勇攀高峰的态度，淡泊名利、无私奉献的境界。他们最擅长的一门"手艺"就是：干一行、爱一行、钻一行，认真负责地做好每项工作，生产出每一件产品。

通过各级工会潜心挖掘与强力推介，他们从幕后走到台前，用平实的讲述和日复一日的劳作，给社会带来了正能量。

他们当中有工人、技术人员，也有医生和非物质文化遗产传承人。他们用令人叹服的精湛技艺，用坚持不懈的劳作，参与着中国的发展，在尖端科学、技术领域占领一席之地。

马荣、孔维云，人称"人民币雕刻伉俪"，是中国印钞造币总公司技术中心设计雕刻室高级工艺美术师。

马荣是第五套人民币毛泽东主席肖像的原版雕刻者。她的作品成为第五套人民币50元、20元、10元、5元和1元的核心图案。她也是我国第一位雕刻人民币主景人像的女雕刻家。

一拿起雕刻刀，这对夫妇就进入了另一个世

界，那里只有点与线、凹与凸。他们的职业注定让他们远离尘嚣、默默无闻，更要耐得住寂寞，承受艰辛的劳作。

在30多年的职业生涯中，马荣的油画作品早已成为收藏家追逐的目标，孔维云的水粉画也是独树一帜，但他们始终没有松开手中的雕刻刀。"钞票上的人像雕刻代表着国家形象，没有比这更能体现我们职业价值的了！"

他们用灵动、精巧的手，在一点一线之间，将钞票凹版雕刻所蕴藏的艺术魅力展现出来，赋予了新时代雕刻创作不朽的生命。

经中国人民银行工会和中国金融工会向全国总工会推荐，《工人日报》报道了这对夫妇的故事。随后，他们的故事入选中央电视台第二季《大国工匠》系列片，于2016年"五一"国际劳动节前夕播出。

经过工会组织挖掘走到人们面前的，还有高天织网的"工人院士"胡胜。这位中国电子科技集团公司第十四研究所数控车工高级技师，带领团队完成了空警-2000预警机新型雷达关键零部件的加工生产。

胡胜与同事的职责是利用数控车床将金属塑造成各种零件,因此这项工作被称为"在金属上雕刻的艺术"。这项工作对精度控制有着严格要求,误差不能超过一根头发丝直径的1/10,光刀具就有1000多种。

勤奋又善于动脑的胡胜,仅用了15年就从初级工变成了高级技师,而常人需要25年历练才能实现。身怀"绝技"的胡胜在工作中大显身手,先后在机载火控、机载预警、舰载火控、星载等一系列具有国际先进水平的重点科研项目中,承担关键和重要部件加工任务70多项,攻克了毫米波雷达的波纹管一次车削成形、机载火控雷达反射面加工变形等技术难题。他还提出技术革新和合理化建议30多项,尤其在数控车床的宏程序编程模块、车铣一次性加工成形等方面研发出许多独特的方法,大大提高了生产效率,节约科研经费近千万元。

而对于年过六旬的徐建华来说,用心血延续古书画生命就是他毕生追求的最大价值。这位故宫博物院书画装裱科原科长、全国非物质文化遗产代表性传承人,每日握着马蹄刀、起子、针

大国工匠

锥,还有一把鬃刷,用了42年,只安安静静地做了一件事:修复故宫里的宋、元、明、清书画作品和出土文物。

他曾参与修复《清明上河图》、《游春图》、《五牛图》等国宝级古代画卷,还完成了十三陵出土龙袍的保护加固工作,复原了湖北出土的战国帛画。他说:"我们是文物的医生,就是一张卫生纸拿过来,我们也得给裱好喽。"因此,他被尊称为"故宫画医"。

这些大国工匠已经成为行业的"代言人"。

他们高超技艺的背后,体现的是坚韧不拔的品质、追求卓越的恒心、钻研创新的执着,彰显了工人阶级伟大品格和劳模精神、劳动精神、工匠精神。他们的成长历程充分说明,一勤天下无难事,只要立足岗位、刻苦钻研,就能人人可为、时时可为、处处可为。

大多数时候,他们是默默无闻的,有些与众不同,有些孤独艰苦,甚至有些险象环生,但他们从事的工作与国家发展、社会进步息息相关,人们在生活中无不享用着他们用劳动创造的价值。

他们或隐于闹市，出现在日常生活里，人们太习惯于他们的存在，以至于浑然不觉，比如医生、环卫工人、建筑工人；或隐于山水，远离舒适、便利，与物质极大丰富的现代社会毫无交集，比如地质勘探员、护路工人、气象观测员；或隐于人群，深藏不露，在国防科技、工业制造等领域的发展中发挥着无可替代的作用，比如焊工、钳工、车床操作工……

他们可以很平凡很落伍，没有家财万贯，但他们甘于寂寞、坚守职责、精益求精、锐意创新的执着与勇气，是许多人抵达不了的高度。

值得关注的是，在工会组织的挖掘、宣传和培育下，工匠的生活和人们对工匠的价值判断正悄然发生着变化。

在工会组织的积极推动下，马荣与孔维云已经成为家喻户晓的明星，更受到了同行们的赞誉。中国人民银行工会还举行了大国工匠马荣事迹报告会。报告会以电视电话会议形式召开，中国人民银行总行相关单位职工、中国印钞造币总公司职工、县支行以上分支机构职工都聆听了她的励志故事。此后，中国印钞造币总公司还在上海组织召开了繁荣职工文化交流座谈会，邀请马荣进行专题访谈。马荣讲述了她工作至今一直陪伴她左右的一把钢刀和一本笔记本的"小故事"，让与会人员感受到她在人民币设计创作过程中精益求精、追求极致的精神。

"希望能多带几个徒弟"的徐建华实现了自己的愿望。2016年8月11日，他来到四川成都，收了17名徒弟。在"国家级古籍修复技艺传习中心四川传习所"揭牌暨拜师仪式上，来自四川省图书馆、四川大学图书馆、成都杜甫草堂博物馆的17位古籍修复学员向导师——故宫博物院资深修复师、非物质文化遗产传承人徐建华先生献花、敬茶、行拜师礼。随后，他们开始系统地学习古籍和古书画修复技艺，且没有学习期限。这个传习所注重古籍修复人才培养长效机制的建立，特别是加强对国家一、二级古籍修复人才的培养。

随着各级工会一系列叫响做实"大国工匠"品牌举措的实施，这一品牌建设成效日渐明显，使得广大职工更加深入地体会到什么是工匠精神和劳动价值。

许多职工表示,工会和媒体大张旗鼓地宣传以大国工匠为代表的一线技术工人,为大家树立了学得了、赶得上的典型,对普通职工如何对待职业、如何对待人生有着重要的示范引领作用。

网友们在留言中写道:"'三百六十行,行行出状元',大国工匠们真真实实地将这句话变成了一幅幅画面呈现在我们眼前。致敬工匠精神!""看了他们,顿时感觉平时工作的困难还算什么?当他们连工作都要直面生命危险时,我们面对困难,还怎么能够逃避、推脱?""做好手里的每一件小事儿,对自己的所作所为负责任,对于现在的我们有很多启发。简单执着、勇于尝试、接受挑战、坦然面对,不管是否成功,过程就是自己成长路上的财富。""任何年代、任何潮流都无法替代工匠精神,我们需要它!沉下心,低下头,立足本职,千锤百炼,精雕细琢,做一名好工匠!"

更令人欣慰的是,已经有越来越多的企业注重产品和服务的精益求精,越来越多的人将认真、敬业、执着、创新作为自己的职业追求。连用户数以亿计的电商平台也开始推崇工匠精神、品质国货。

正如一位致力于挖掘、传播工匠精神的工会干部所说:"大力弘扬工匠精神,展现勤劳之美和创造之美,既是对工匠精神的尊重和肯定,也是新时代工会工作的重要职责之一。"

使大国工匠走红,让工匠精神流行起来——为了完成这一使命,各级工会一直在行动:充分发挥组织覆盖面广的优势,找准工会工作与国家建设、经济发展的结合点,激发广大工会干部的工作积极性和创造活力,深入一线职工身边,挖掘平凡而伟大的工匠精神。

在这之后,工会干部们思考的则是:如何推动建立健全培育大国工匠的体制机制,进一步关爱大国工匠等高技能人才的生产生活,更加充分地把大国工匠的带动作用发挥出来。

第四章

行动升级

缔造工匠人才梯队方阵

第四章 行动升级——缔造工匠人才梯队方阵

2016年"五一"国际劳动节前夕,习近平总书记在安徽调研期间主持召开知识分子、劳动模范、青年代表座谈会并发表重要讲话,强调"人类是劳动创造的,社会是劳动创造的。劳动没有高低贵贱之分,任何一份职业都很光荣。广大劳动群众要立足本职岗位诚实劳动。无论从事什么劳动,都要干一行、爱一行、钻一行"。

这是中国工程院院士杨小牛第二次与习近平总书记面对面,讲述一名知识分子科技创新的历程。2015年,同样是在"五一"国际劳动节前夕,这位中国电子科技集团公司第三十六研究所首席科学家参加了全国劳动模范表彰大会,接过了习近平总书记亲自颁发的劳动模范证书。

杨小牛的经历就是"知识创造价值"的最佳范本——他首次提出并成功研制出国内第一台宽带数字接收机;首次提出低截获概率信号拼接解调方案;首次提出基于软件无线电的新一代体系结构和"软件星"概念;首次提出信号战、比特

大国工匠

战思想……

相对于杨小牛院士,电力机车气动设备班班长邹宇锋的工作与"高精尖"的科学似乎并不沾边,但身为一线工人的他,凭借刻苦练就的过硬技术,利用特殊工艺制作了低速磁浮列车蓄电池低压箱,克服了令专家头疼的难题,助推中国在短短两年内实现了完全自主知识产权的低速磁浮列车下线。

当前,全球制造业正在经历深刻变革,中国要由"制造大国"向"制造强国"转变,亟须更多的杨小牛和邹宇锋。在此背景下,工会组织需要造就一大批高技能人才,团结动员广大职工在平凡岗位上怀揣匠心,埋头钻研,练就一身真本领,成为支撑中国制造、中国创造的重要力量。

从十到百,从百到千……要真正形成"三百六十行,行行出状元"的社会环境,离不开制度保障和平台支撑。以真金白银的政策真心实意礼遇工匠,切实提高工匠人才的荣誉感、获得感,必将迎来工匠的春天。

第四章 行动升级——缔造工匠人才梯队方阵

布局：形成全面培育工匠人才格局

2017年4月14日，一项习近平总书记亲自点题、亲自部署、亲自指导，与亿万产业工人息息相关的重大改革拉开帷幕——中共中央、国务院正式印发《新时期产业工人队伍建设改革方案》（以下称为《方案》），要求按照政治上保证、制度上落实、素质上提高、权益上维护的总体思路，改革不适应产业工人队伍建设要求的体制机制，充分调动广大产业工人的积极性主动性创造性，为实现中华民族伟大复兴的中国梦更好地发挥产业工人队伍的主力军作用。

《方案》要求，打造更多高技能人才。实施国家高技能人才振兴计划，创新协同培育模式，依托大型骨干企业建设示范性高技能人才培训基地，孵化拔尖技能人才，培育更多"大国工匠"。加快高技能人才专业市场建设，搭建高技能人才交流平台。鼓励企业设立高技能人才特聘岗位，对引进的高技能人才给予原单位必要的培养补偿费用。叫响做实"大国工匠"品牌。

聚焦政治上保证、制度上落实、素质上提高、权益上维护的重点,密集出台的一系列制度让越来越多的工匠和高技能人才走上了属于自己的"康庄大道"。

——截至2022年底,中共中央、国务院及相关部委出台《关于加强和改进新时代产业工人队伍思想政治工作的意见》、《关于提高技术工人待遇的意见》、《关于推进终身职业技能培训制度的意见》、《关于推动现代职业教育高质量发展的意见》等文件90多个;全国总工会出台相关文件20多个,为细化落实改革举措提供了制度保障。与此同时,31个省(区、市)和新疆生产建设兵团均出台了推进改革的实施方案和配套政策。

各地拓宽产业工人发展空间、创新技能导向的激励机制和举措层出不穷。青岛市全力打造"新时代工匠之城",每年投入1500万元用于激励职工创新创效;中国中铁股份有限公司创建各类创新工作室690个,打造省级及以上创新工作室91个,吸纳近万名职工学习攻关;陕西法士特集团搭建"五星级员工"技能晋升评价体系，将员工技能水平与薪酬等级挂钩，对员工各类"五小"创新成果进行奖励和推广；山东豪迈公司通过强化"合伙合作"的公司治理模式提高职工主人翁地位；浙江宁波舟山港、河北曹妃甸港探索创建跨区域、跨行业、跨企业劳模和工匠人才创新工作室联盟；中国中车集团探索建立健全培养、考核、使用、待遇相统一的激励机制；等等。

全国总工会深感培育优秀工匠的任务重要而紧迫，于2010年、2015年、2021年先后三次印发《全国职工素质建设工程五年规划》，并下发《关于充分发挥工会在建设知识型、技术型、创新型技术工人队伍中作用的意见》，就加强职工思想道德素质、技术技能素质等提出了阶段性目标任务，为工会培养高素质职工队伍设计实现路径。

"劳动者的知识和才能积累越多，创造能力就越大。"基于这样的考量，工会已建立起资源集成、形式多样、贴近职工、务实有效的职工素质建设工程模式，培育了一大批职工素质建设工程品牌项目,建设起覆盖全体职工的内容丰富、高效便捷的信息化职工学习培训服务平台。

"中国梦·劳动美"主题教育,"求学圆梦"行动,构建技术技能培训网络,建设职工书屋,建立"技能强国-全国产业工人学习社区"职工线上学习平台,推行"现代学徒制"等教育培训新模式……在集纳总结各地工会多年创新经验的基础上,全国总工会设计了一系列工作载体,努力为亿万职工"提素",多措并举加快培养掌握并运用新知识、新技术、新工艺的技术工人,为培养大国工匠积蓄人才库。

几年后,培育高技能人才被写入了国家发展的远景规划。

2021年3月11日,十三届全国人大四次会议表决通过了关于国民经济和社会发展第十四个五年规划和2035年远景目标纲要的决议。"十四五"规划强调,实施知识更新工程、技能提升行动,壮大高水平工程师和高技能人才队伍;弘扬科学精神和工匠精神;以高校和职业院校毕业生、技能型劳动者、农民工等为重点,不断提高中等收入群体比重;拓宽技术工人上升通道;提高技能型人才待遇水平和社会地位。这些都让大国工匠和高技能人才感到职业发展的前景一片光明。

一份4万字的产业工人队伍建设改革评估报告，浓缩了打造工匠人才的长长成绩单。

——在声势浩大的"中国梦·劳动美"、"劳动创造幸福"主题宣传教育中，在一次次"最美职工"、"大国工匠年度人物"的推选中，在形式多样、内容丰富的宣传宣讲、文艺演出、读书演讲等活动中，源自平凡岗位的劳模故事、劳动故事、工匠故事引发了职工共鸣，激励广大职工立足岗位奋发图强。

——从国家重大战略、重大工程，到重大项目、重点产业，从大型国企到非公经济、中小企业，广泛深入持久开展的劳动和技能竞赛吸引了数以千万计的职工参与。2017年至2020年，参加各级工会开展的技能竞赛、技术比武的职工总数达到8665.5万人次。

——技术革新、技术协作、发明创造、合理化建议、网上练兵和"五小"等群众性技术创新活动的触角延伸到各行各业，为产业工人提供了建功立业的更多可能。据统计，2017年至2021年，广大产业工人提出合理化建议4536.85万件、实施2938.01万件，开展技术革新254.81万项，完成发明创造100.13万项、先进操作法77.77万项。

——推动职业教育制度改革、开展职业技能提升行动、实施职工素质建设工程、举办首届大国工匠创新交流大会、深化国家高技能人才振兴计划、全面推行学徒制培训、打造"新时代工匠学院"……围绕产业工人素质提升的各项措施密集推出。据统计，职业技能提升行动在3年里共使用资金1000多亿元，开展补贴性职业技能培训8300多万人次、以工代训3600多万人；"技能强国-全国产业工人学习社区"则已累计培训职工1.5亿人次。

——与此同时，产业工人的政治地位、经济地位、社会地位也在稳步提高。2021年，在庆祝中国共产党成立100周年的功勋荣誉表彰中，3名产业工人党员被授予"七一勋章"；在受表彰的全国优秀共产党员、全国优秀党务工作者中，一线产业工人约占50%；28个省级工会配备46

名产业工人兼职副主席;近4年的全国五一劳动奖章表彰中,产业工人比例均超过40%;工匠人才在落户住房、子女入学、医疗休养等方面获得特殊支持……

这些数字背后,是一位位高技能人才的成长,是一支产业工人队伍的壮大。而如何充分发挥大国工匠、劳动模范等先进人物的示范引领作用,引导广大职工特别是青年职工走技能成才、技能报国之路,成为工会的一项重要课题。

2021年4月13日,首届"大国工匠·湖湘论坛"在湖南长沙举行,邀请政府、工会、企业和工匠人才相聚一堂,围绕"工匠精神"畅所欲言。时任全国总工会党组书记、副主席、书记处第一书记陈刚出席论坛并讲话,指出要以弘扬劳模精神、劳动精神、工匠精神为重点,深入宣传工匠事迹风采,深入阐释工匠品质内涵,叫响做实"大国工匠"品牌,引导广大职工立足本职、爱岗敬业,在全社会营造尊重劳动、崇尚技能、鼓励创造的浓厚氛围。

受这次论坛的启发,两项培育"大国工匠"的创新举措在全国总工会办公大楼里开始酝酿。

| 大国工匠

追求：创新有我 创造有我

2022年，围绕"大国工匠"，发生了两件大事。

这年的4月27日，由中华全国总工会主办的首届大国工匠创新交流大会召开。习近平总书记向大会发来贺信，强调：技术工人队伍是支撑中国制造、中国创造的重要力量。我国工人阶级和广大劳动群众要大力弘扬劳模精神、劳动精神、工匠精神，适应当今世界科技革命和产业变革的需要，勤学苦练、深入钻研、勇于创新、敢为人先，不断提高技术技能水平，为推动高质量发展、实施制造强国战略、全面建设社会主义现代化国家贡献智慧和力量。各级党委和政府要深化产业工人队伍建设改革，重视发挥技术工人队伍作用，使他们的创新才智充分涌流。

以"技能强国，创新有我"为主题的首届大国工匠创新交流大会是工会工作的一项创新性举措，也是团结动员广大职工积极投身经济建设主战场，为实现经济社会发展目标任务更好发挥主力军作用的具体行动。大会在深圳会展中心设置了大国工匠、全国职工创新成果、巾帼工匠及各全国产业工会、各省（区、市）总工会、副省级城市总工会、中央企业等77个交流区，展区总面积约1.8万平方米，展示内容涉及550多位工匠、近800件各类实物和模型、1300多项职工创新成果。

与此同时，大会同步在"技能强国-全国产业工人学习社区"建设VR实景沉浸式漫游线上展馆，并设置图文和音视频热点，将交流活动的全貌真实、立体、全面地在线上呈现，供全国各地的职工参观交流。大会还为一线职工技术创新成果搭建了交流转化平台，开发、开放"首届大国工匠创新交流大会线上签约管理系统"，组织企业与工匠人才开展创新成果对接转化，以线上线下形式展示以大国工匠为代表的广大职工的精湛技能和创新成果，为广大高技能人才搭建交流平台。

习近平总书记的贺信在广大劳模工匠和工会干部中引发热烈反响，大家深受鼓舞、倍感振奋。大会发布了线上签约转化的职工创新成果，

大国工匠

共有495项职工创新成果在线签订成果转化意向书,涉及总金额84.86亿元。与此同时,线上展馆累计访问量达411万人次、点赞3081万人次,线上直播累计观看达530万人次。

首届大国工匠创新交流大会之后,各级工会迅速行动,广泛宣传宣讲,掀起深化产业工人队伍建设改革热潮。特别是要继续着力提升产业工人技能水平,发挥工会组织网络优势,充分利用劳模工匠人才资源,积极创建工匠学院,广泛深入持久开展劳动和技能竞赛,创建示范性劳模和工匠人才创新工作室以及创新工作室联盟,推广应用好首届大国工匠创新交流大会成果,持续做好劳模工匠人才培养、选树和宣传工作,不断激发产业工人创新创造活力。

5个月后,中华全国总工会主办的首届大国工匠论坛在金秋9月的湖南长沙拉开帷幕。论坛深入学习贯彻习近平总书记致首届大国工匠创新交流大会贺信精神,以"匠心逐梦·强国有我"为主题,为大国工匠和工匠人才展现风采、分享经验、切磋技艺、提升素质搭建平台。这是我国首次为工匠举办的全国性论坛。

论坛内容丰富，邀请大国工匠、有关部委领导、专家学者、工会干部和企业家代表参与主旨演讲，围绕"《职业教育法》与大国工匠培养"、"社会环境营造与大国工匠培养"等主题深入研讨。同时设置了"巾帼工匠论坛"环节，劳模工匠、专家学者和知名企业家围绕"为巾帼劳模工匠成长营造更好的社会环境和工作环境"这一主题广泛交流。此外，论坛上发布了《大国工匠风采录》图书，并向全国各行各业工匠和技能人才发出倡议。

工匠们站上讲台，面对镜头，以自己的成长故事解答着一个共同的问题：新时代的"匠心"包含着什么？是把一件件产品当作作品来打磨的勤学苦练，是甘坐冷板凳、不断刷新技术水平的深入钻研，是实现"0"到"1"突破的勇于创新，是成功解决"卡脖子"问题的敢为人先。

积累：凝聚制造强国的青春动能

在全国总工会和各级工会的持续推动中，新

大国工匠

一轮工匠热潮席卷而来。无论在首届大国工匠创新交流大会上,还是在首届大国工匠论坛上,大国工匠与有关部委领导、专家学者、工会干部、企业家代表共同关注着一个与支撑中国制造中国创造、实现高质量发展息息相关的深刻议题:如何为国家培育更多优秀的工匠人才?

"大国工匠,国家就需要你这样的人。"

2021年6月29日北京人民大会堂"七一勋章"颁授现场,习近平总书记的一句话让"好焊工"艾爱国终生难忘。工作50多年来,他靠一把焊枪,赢得无数"军功章":全国劳动模范、全国技术能手、国家科技进步奖……"当工人就要当个好工人。"这是艾爱国的职业信条。他说,焊接方法有上百种,焊接材料可达上万种,懂得因材施焊、勤钻研、想方法,从焊接高手成为焊接工艺高手,才算真正的好焊工。

什么是好工人?

"当代工人不仅要有力量,还要有智慧、有技术,能发明、会创新,以实际行动奏响时代主旋律。"这样的理念越来越成为新时代大国工匠和高技能人才共同的职业追求。

"有梦想，就要坚持，还要为这个梦想不断地去努力、去拼搏。"说这话的，是铁路电气化领域的技能大师巨晓林。

参加工作 30 多年，巨晓林先后参与了大秦线、京郑线、京沪线、京秦线、哈大线、京福高速铁路等国家铁路重点工程建设，从一名普通农民工，成长为企业职工的优秀代表、全国劳动模范、国家级技能大师。他被工友们称为善于创新的"小巨人"，其编写的《巨晓林工作法：接触网施工》成为铁路施工一线的"宝典"。

2015 年，《大国工匠》第一季系列片让很多人记住了高凤林的名字。2018 年，他当选首届"大国工匠年度人物"。"我对工匠精神的一个理解是，认真精神加品质精神。认真是态度，品质是过程。"谈起自己的职业理想，高凤林脸上始终挂着自信的微笑。拥有一双"金手"的高凤林，是给火箭焊接发动机的专家，可以焊接两根头发丝宽度的焊点。北斗导航、嫦娥探月、载人航天等国家重点工程和长征五号新一代运载火箭的发动机，都离不开他精湛焊接技术的贡献。

优秀的工匠是有追求的。作为许多大国工匠

的偶像，包起帆没有止步于"抓斗大王"的美誉，而是在技术创新的征程上一路高歌猛进：从一名平凡的码头装卸工成长为全国劳动模范、双百人物、改革先锋，与同事们一起完成了130多项技术创新，三次获得国家科技进步奖。

2015年，包起帆从日内瓦国际发明展上摘得3枚金奖，这也是他在国际上拿到的第36枚发明金奖。闭幕那天的晚宴上，日内瓦发明展组委会主席看到他28年前获得的金奖资料，感到惊讶：一个中国人28年前在日内瓦拿金牌，28年后居然还有发明获奖。包起帆说："我没有什么诀窍，从工人到工匠，持续不断的学习成了我岗位创新的源泉。产业工人要走通从工人到工匠的成才之路，关键是学习，学习，再学习。"

一位位在青年技术工人心中如"明星"般闪耀的大国工匠，讲述着平凡岗位上创造的非凡业绩，展示着用汗水和智慧练就的一身绝技，更走出了一条属于工匠和高技能人才的进阶之路。

好工匠是育出来、带出来的，也是钻出来、赛出来的。为了培育更多的高技能人才特别是青年技能人才，各地的措施也是层出不穷。例如，为了助力工匠"一大步"的成长，湖南省总工会与发改、教育、工信、财政、人社等部门密切配合，推动1200余家企业与高职院校开展订单式培养；着重抓培育湖湘工匠"百千万"工程，用5年时间建立100个工匠培育竞赛基地、1000个劳模工匠创新工作室、1万名高技能领军人才和劳模工匠师徒"结对子"，等等，吸引更多年轻人走进工厂、沉在一线。

在连续多年的全国两会上，多名全国政协委员提出了高校毕业生技能水平与企业发展需求"脱节"的问题。到企业调研，委员们听到管理者抱怨最多的就是"技工荒"。"从企业长远发展看，如果没有一支稳定的技术工人队伍，那么，产业结构调整、经济方式转变都失去了基础。"

许多人认为，"技工荒"暴露出我国职业教育"发育不良"的问题。观念是原因之一。"现在年轻人都想上大学，却没人愿做一个好技工。"大家认为，要整体提高职工技能水平和职业素质，社会观念必须先转变。

2022年5月，新修订的《职业教育法》开始实施，其中提出建设"技能型社会"的愿景一度成为关注焦点。有关专家认为，这成为改变职业教育现状的重要契机。

据了解，我国现有职业院校1.13万所，在校生人数超过3000万人，已建成世界上最大规模的职业教育体系。对此，教育部职业教育与成人教育司的相关负责人表示，职业教育是培育高技能人才队伍的一个重要途径。进入新发展阶段，我国职业教育已经从以中等职业教育为主体，发展为以高等职业教育为主体。

"《职业教育法》中，'企业'出现了47次，相关条款26条，明确要发挥企业的重要办学主体作用，推动企业深度参与职业教育，鼓励企业举办高质量职业教育。"三一集团有限公司负责人认为，这标志着职业教育进入高校和企业"双主体"时代。

而上海市机电工会建立的李斌技师学院，早已发展成为"培养工人成长的摇篮、工人技能晋级的平台、高技能工人培养的基地"。李斌技师学院坚持"学校+工厂、学历+技能"的办学方针，开展产教合作，围绕产业发展需要和工人技能培训需求进行办学，每年培训技术工人达到1万余人次。培养优秀的技术工人需要企业的"工匠情怀"，需要建立完善的技术工人薪酬体系，让技术工人的价值得到保值增值。

如何吸引年轻人走进车间当产业工人？对于这个现实问题，南开大学教授王星认为，智能制造时代的工匠需要长时间的实践磨炼才能养成。"各级政府在重视奖励高技能人才的同时，更要重视对普通岗位和普通产业工人的社会支持和社会保护，在政策制定过程中，尊重和依据技能形成的规律出台相关实施办法，这对于解决工匠培育问题很关键。"

对此，人力资源和社会保障部职业能力建设司相关负责人表示，高技能人才和工匠人才的培养需要各级党委、政府、企业和工会一同创造良好环境。特别是要制定更好的政策来吸引人、培养人、选拔人。

在湖南长沙，为进一步优化工匠人才的政务服务环境，提出以产业工人队伍建设改革为着力点，部署实施政治引领、素质提升、作用发挥、福祉促进、支撑保障等"五大行动",并持续开展"十行百优"、"融城杯"、"星城杯"等职业技能竞赛,投入63.98亿元推进产教融合,出台《争创国家吸引集聚人才平台若干政策(试行)》、《长沙市激励关怀"长沙工匠"政策措施》等,不断优化工匠人才环境。

"要大力弘扬劳模精神、劳动精神、工匠精神,讲好劳模故事、劳动故事、工匠故事,唱响劳动最光荣、劳动最崇高、劳动最伟大、劳动最美丽的时代主旋律。"大家一致认为,不断提升大国工匠和工匠人才的职业荣誉感、自豪感和社会认可度,才能让更多的年轻人愿意当产业工人,用技能报国。

进阶:成为推动高质量发展的"硬核力量"

"在从制造大国向制造强国迈进的过程中,技能人才、能工巧匠、大国工匠是必不可少的重要力量。如果把制造业的人才队伍进行分类,可以分为科学家、工程师和技能人才。科学家提出问题和思路,工程师画出蓝图,但真正让蓝图变为现实的,是大量的技术工人。"中国工程院院士姜涛一语中的。

"科学家、工程师、技能型人才都是同等重要的。"姜涛说,"大型设备都是由几千个零部件组成的,就算模型设计好、图纸规划好,如果造不好,依然会失败。"

姜涛列举了2017年我国长征五号遥二火箭发射失利的事情。那之后的两年多时间,被我国航天人称作"至暗时刻"。为了找到发射失利的原因,我国航天人梳理了400多个环节,开了600多次研讨会,进行了1000次以上的科学计算、逻辑推理和地面试验等,终于解决了问题。每一次实验,都需要技术工人对零部件进行加工,不计其数地操作机床、挥动焊枪。"可以说,没有他们,就没有后面这几年航天事业的蓬勃发展。"姜涛诚恳地说。

大国工匠是产业工人的核心骨干,是支撑中国制造、中国创造的重要力量。为了发挥劳动模范、优秀工匠的更大效益,越来越多的工会组织

大国工匠

通过选树金牌工人、首席技师,建设创新工作室等方式,培育技能超群、精益求精、锐意创新的优秀技能人才。

早在 2017 年,大国工匠戎鹏强就受聘成为中国兵器工业集团的首席技师。

有一种特种钢管,要能承受 600 多摄氏度的高温,指甲盖大小的面积要承受超过 1 吨重量所产生的压力,并且保证稳定工作 10 万小时以上。戎鹏强就是加工这种钢材的深孔镗工。

戎鹏强主要负责对火炮身管内膛进行精镗。这项工作是保证火炮直线度、确保火炮打击精度的关键工序。29 岁那年,戎鹏强被评为全国劳动模范,如今更是中国兵器工业集团关键技能带头人,享受国务院政府特殊津贴。

这些年来,戎鹏强练就了以"手"当"眼"的绝活儿,只要用手握住刀杆,通过感受刀头的震动,就能对加工精度做到心中有数。他不仅把自己锤炼成为首席技师,还通过以自己名字命名的技能大师工作室,带领更多青年工匠,以匠心把脉军品科研核心部件和重点民品关键重要部件的技术攻关、创新创造，相继攻克了用于大型原子裂变、航天航空发射试验装置的某关键部件"超长径比小口径管体"加工难题，掌握了"超长小口径管体深孔加工"领域的顶尖技术，填补了国内该深孔领域空白。他自制的精镗刀体有效解决了某重点军品科研产品直线度超差难题，大幅提高了产品加工质量，降低了制造成本，实现了精益生产。他革新专用刀具角度，提高民品加工效率近3倍。他总结实践出的"高强度合金钢深孔镗削操作法"，被列为该机械加工领域的操作宝典。

与戎鹏强相比，竺士杰的工作似乎算不上"精细"，但他创造了一项"最快"纪录：在40多米高、8平方米大的桥吊司机室里，竺士杰熟练地操作着控制台上的手柄和按钮，着箱、闭锁、拉升、落箱、开锁……1分钟，一个集装箱的装卸便完成了。

这位宁波舟山港码头上的桥吊车司机始终记得当年技工学校老师的一句话——"栋梁"有"栋梁"的用途，"烧火棍"有"烧火棍"的用途，为社会作了贡献的，都是人才！当时竺士杰就想：就算当一根好使的"烧火棍"，有一天也可以成长为撑起一片天地的"栋梁"。

早已跻身行业"翘楚"的竺士杰，凭借一手绝活儿，被企业聘任为首席技师，享受每月6000元的技能津贴；当选为浙江省总工会兼职副主席；转评为浙江省首批高级工程师。不过，最让竺士杰感到自豪的是，浙江海港工匠学校成立，他担任了"工匠成长营"导师。

工会建立劳模和工匠人才创新工作室、首席技师等载体，代表了培育能工巧匠的一个重要趋势——发挥现有劳动模范、大国工匠的"领头羊"作用，孵化更多拔尖技能人才。全国总工会在制定劳动和技能竞赛规划中多次强调，要深化劳模和工匠人才创新工作室作用，总结推广劳模创新工作室、劳模示范岗、劳模大讲堂、劳模志愿服务队等的经验，使他们的劳动技能、创新方法、管理经验广泛传播，充分发挥其示范带头作用，激励广大职工学赶先进、争当劳模、比作贡献。

对于如何深化劳模和工匠人才创新工作室创

建工作，全国总工会有着清晰路径：充分发挥创新工作室人才集聚、集智创新、技能传承和示范带动作用，引导职工积极投身创新实践。比如，联合科研机构，探索创建跨区域、跨行业、跨企业的创新工作室联盟；重视典型选树，命名全国示范性劳模和工匠人才创新工作室。

全国总工会《关于充分发挥工会在建设知识型、技术型、创新型技术工人队伍中作用的意见》也强调，"要深化劳模创新工作室创建工作"，即按照提高质量、突出实效、发挥作用、扩大影响的要求，联合政府有关部门，加强工作指导，规范创建工作。每三年命名一批全国示范性劳模和工匠人才创新工作室，并加强评估管理和总结交流，发挥示范性创新工作室的引领作用，提高创建工作整体水平。充分发挥劳模和工匠人才创新工作室的技术攻关、技能培训、协同创新等功能，吸引更多职工参与创新活动，培养创新型技术工人，等等。如今，297家全国示范性劳模和工匠人才创新工作室以及全国创建的各级各类创新工作室8.2万家正在各个领域发挥着重要作用。

大国工匠

以工会力量助推更多大国工匠和高技能人才脱颖而出，成为各级工会的共同行动——

大力弘扬劳模精神、劳动精神、工匠精神，加大对劳模和工匠人才的选树、宣传力度，推动落实劳模、工匠待遇，为劳模、工匠成长成才搭建平台、提供舞台，更好发挥劳模、工匠人才的示范引领作用，进一步推动在全社会形成尊重劳动、尊重知识、尊重人才、尊重创造的浓厚氛围，唱响"咱们工人有力量"的新时代乐章。

设立大国工匠专项经费，提高工匠技能人才在劳动模范和先进代表等评选中的名额比例；加强走访慰问，为技能人才开展健康体检、组织疗休养、提供便利的就医条件等，帮助他们解决"急难愁盼"问题。

2023年7月，全国总工会与教育部发出《关于大力弘扬劳模精神劳动精神工匠精神 深入开展"劳模工匠进校园"行动的通知》。同月，全国总工会制定管理办法，设立"大国工匠"激励保障专项资金，进一步发挥大国工匠的示范带动作用，激励广大职工走技能成才、技能报国之路，培养更多大国工匠。

采取含金量更高、成色更足的举措,为大国工匠和技能人才提供更好的激励保障,着力构建人人皆可成为技能人才的培养格局,健全技能劳动者尽展其才的使用机制,完善科学有效的技能人才评价体系,加大优秀技能人才脱颖而出的激励力度。

这些举措都指向同一个方向——让大国工匠和技能人才的技能经验惠及更多劳动者,在言传身教中引导更多职工提高技术技能水平;加快创新成果转化运用体系建设,切实把一线技术工人的奇思妙想转化为现实生产力和经济社会效益。

从一组数据可以看到全国工会为打造高素质职工队伍作出的不懈努力——

全国总工会命名4600家全国职工教育培训示范点、56个全国职工爱国主义教育基地,推进建设130家职工技能实训基地,建成15万家职工书屋,覆盖职工9000多万人;联合教育部开展农民工"求学圆梦"行动,截至2022年底,全国各级工会累计投入资金4.37亿元,帮助210多万名一线职工特别是农民工接受学历继续教育;联合开展"劳模工匠进校园"活动,先后举办全国性示范活动近百场,推动各省(区、市)开展 2.1 万余场活动,组织 4.5 万人次劳模工匠走进学校。

高质量发展是全面建设社会主义现代化国家的首要任务,是"十四五"乃至更长时期我国经济社会发展的主题,关系我国社会主义现代化建设全局。加快构建新发展格局,着力推动高质量发展,大国工匠和高技能人才使命在肩。

2023 年炎炎夏日,第二届大国工匠创新交流大会暨大国工匠论坛如约而至,在北京城刮起了一场"工匠风"。

7 月 28 日至 30 日,由中华全国总工会、中共北京市委、北京市人民政府共同主办的第二届大国工匠创新交流大会暨大国工匠论坛在北京举行。中共中央政治局委员、北京市委书记尹力,全国人大常委会副委员长、中华全国总工会主席王东明出席开幕式并致辞。

大会以"匠心筑梦 技能报国"为主题,为广大工匠人才切磋技艺、交流经验、提升技能搭建平台,有 1200 多件职工创新成果参展,500 余位来自各行各业的劳模工匠参与交流。大会吸引了全国各地的观众纷至沓来,有超过 3 万人次线下观展。技能强国-全国产业工人学习社区对本次大会进行了全程 50 小时不间断直播,累计超 2000 万人次观看大会直播,线上视频点击量逾 1.05 亿次。

这是一场展示风采的"宝藏盛会",走在 1.8 万平方米的展区里,总会"偶遇"大国工匠和高技能人才的绝活儿展示和"奇思妙想",代表着本行业、本领域技术技能高超水平的大国工匠与顶尖科学家、卓越工程师同台交流,进一步探讨大国工匠成长成才、培育选树、作用发挥的机制。大会期间还首次开展"工匠路演"活动,开启"劳模工匠助企行"、"京津冀协同发展劳动和技能竞赛"。

值得关注的是,此次工匠大会上还发布了 100 项第七届全国职工优秀技术创新成果交流活动优秀成果:中国北方稀土(集团)高科技股份有限公司冶炼分公司张文斌等人完成的《万吨级轻稀土碳酸盐连续化生产工艺研究及产业化》等 3 个成果获评一等成果,国网河北省电力有限公司邯郸供电分公司朱劲雷等人完成的《输电线路

大国工匠

封网作业智能一体机》等 15 个成果获评二等成果，中国宝武宝山钢铁股份有限公司王红等人完成的《高精度 5m 厚板加热关键技术创新与应用》等 30 个成果获评三等成果，长江设计集团长江地球物理探测（武汉）有限公司张建清等人完成的《筑坝堆石体密度附加质量法快速无损检测成套技术与装备》等 52 个成果获评优秀成果。

全国总工会党组书记、副主席、书记处第一书记徐留平评价这次大会，是交流成果、激扬创新的盛会，是知识碰撞、启迪智慧的盛会，是展示风采、引领风尚的盛会，是崇尚技能、凝聚力量的盛会。他强调，要以本次大会为契机，努力培养造就更多大国工匠和高技能人才。要加强职工思想政治引领，打造具有延展性与生长力的技能人才培养体系，推动技能人才生产实践、创新创造、能力提升协同并进，完善技能人才评价、使用和激励机制，持续深化产业工人队伍建设改革，大力弘扬劳模精神、劳动精神、工匠精神，组织动员亿万职工群众以匠心筑梦、以技能出彩。

全国总工会明确，为进一步叫响做实"大国

工匠"品牌,从 2023 年开始,大国工匠创新交流大会暨大国工匠论坛计划每两年举办一次。

以中国式现代化全面推进中华民族伟大复兴,为工人阶级发挥主力军作用提供了广阔舞台,对广大职工提升技术技能水平提出了新的更高要求。各级工会正把培养造就更多大国工匠和高技能人才摆在更加突出的位置,认真履职尽责,在加强职工思想政治引领、搭建职工创新创造平台、促进工匠人才技能提升和畅通发展通道等方面发挥更大作用,团结动员亿万职工匠心筑梦、技能报国。

在人们身边,令人刮目相看的大国工匠和高技能人才越来越多,成为推动高质量发展的"硬核力量",用实际成效回应时代的召唤。

艾爱国带过的徒弟不下 600 名,大部分都成为大型企业的骨干,湘潭钢铁集团有限公司高级工及以上的焊工,有 80% 都跟他学过技术。看到徒弟们精湛的技艺,艾爱国坚信行业发展会越来越好、党和国家的事业会更加繁荣昌盛。

这些年来,包起帆受邀先后作了 500 多场先进事迹报告、近 300 场有关创新成果和经验的技

大国工匠

术交流和推广。经他辅导获得国家奖励的创新成果越来越多。他说："我把一线工人得奖视同自己得奖，一线工人的进步就是我的进步。"

新一轮科技革命和产业变革深入发展，对劳动者素质提出新的更高要求。新时代到底需要什么样的工匠人才？

"心有凌云志，无高不可攀。新时代的工匠，不仅要具备高超精湛的技能，更要有严谨专注的态度、开拓创新的理念，以及对职业的高度荣誉感和使命感。""工匠人才不仅要能发明会创造，还要会总结会表达，充分展现工匠风采，让更多人看到榜样、感受力量。""面对科技革命、产业变革趋势，只有紧跟时代发展、练就过硬本领，才能勇担使命、不负时代。""新时代的大国工匠，应该是传承者、激发者、奉献者、代表者，更是攻坚者、创新者、引领者、成长者。""要心中有信念，脑中有蓝图，眼中有光亮。"……从大国工匠到高技能人才，从一线职工到专家学者，从政府、工会到各类企业，培育更多大国工匠和高技能人才的共识已经形成，并成为全社会为之努力的共同行动。

可以想见，当劳动者都能焕发劳动热情，厚植工匠文化，恪守职业道德，将辛勤劳动、诚实劳动、创造性劳动作为自觉行为，在工厂车间，精心打磨每一个零部件，生产优质的产品；当劳动者特别是青年职工都焕发出自主创新的勇气、敢为人先的锐气、蓬勃向上的朝气；当劳动最光荣、劳动最崇高、劳动最伟大、劳动最美丽真正成为社会风尚，那么，"中国制造"必将成为高品质的代名词，中国在发展中遇到的所有难题也都会迎刃而解。

大事记

■ 1941 年

3月20日　陕甘宁边区总工会发布了《关于迎接"五一"生产大竞赛的各项办法》，决定在陕甘宁边区职工中开展生产劳动大竞赛，并对劳动模范的技术水平和产品质量有了明确要求，选拔的都是各行各业优秀的工匠。

■ 1961 年

10月　我国首个地方性职工技协组织——沈阳市劳动模范、先进生产者厂际经验交流和技术协作活动委员会成立。

■ 1978 年

11月　中华全国总工会制定了《群众技术协作组织条例试行草案》，鼓励各地工会开展技术协作活动。随后，上海电机厂成立了第一个基层企业职工技协组织——群众技术互助委员会，各地先后恢复和开展了群众性技术协作活动。

2004 年

8月9日 徐州矿务集团有限公司庞庄煤矿挂牌成立了"殷春银创新工作室"，在全国正式开启了创建劳模创新工作室的进程。

2010 年

4月 中华全国总工会印发《全国职工素质建设工程五年规划（2010—2014年）》，就加强职工思想道德素质、技术技能素质等提出了阶段性目标任务。

2015 年

4月 中华全国总工会印发《全国职工素质建设工程五年规划（2015—2019年）》。

"五一"国际劳动节期间，中央电视台在黄金时段播出《大国工匠》8集系列片，讲述了普通劳动者用灵巧双手匠心筑梦的故事，引发社会对工匠精神的大讨论。

11月9日　习近平总书记主持召开中央全面深化改革领导小组第18次会议，审议通过了《全国总工会改革试点方案》。试点方案强调了一项重要任务——叫响做实"大国工匠"品牌。

11月20日　中华全国总工会召开"大国工匠"座谈会，正式拉开工会系统培育"大国工匠"品牌的序幕。

2016年

1月27日　中华全国总工会办公厅下发《关于开展"身边的大国工匠"推荐学习活动的通知》，一场声势浩大的选树"大国工匠"行动在全国各地、各行业中全面展开。

3月　全国两会期间，"工匠精神"首次被写入政府工作报告。

"五一"国际劳动节前夕，习近平总书记在安徽调研期间主持召开知识分子、劳动模范、青年代表座谈会并发表重要讲话，指出在工厂车间，就要弘扬"工匠精神"，精心打磨每一个零部件，生产优质的产品。

12月9日　中华全国总工会印发《关于充

分发挥工会在建设知识型、技术型、创新型技术工人队伍中作用的意见》,进一步强调工会在培养造就更多"大国工匠"中的作用。

2017 年

4月14日　中共中央印发了《新时期产业工人队伍建设改革方案》,明确提出:大力弘扬劳模精神、劳动精神、工匠精神,叫响做实"大国工匠"品牌。这是党中央首次将"大国工匠"品牌写入文件,将"大国工匠"的打造计划上升为重要的国家战略。

2018 年

10月　中国工会第十七次全国代表大会在京召开,大会报告再次强调:叫响做实"大国工匠"品牌;厚植工匠文化,大力弘扬劳模精神、劳动精神、工匠精神。

2019 年

1月　全国总工会联合中央广播电视总台举办2018年"大国工匠年度人物"发布活动,发布了10位2018年"大国工匠年度人物"。

2020年

11月16日　全国总工会联合中央广播电视总台举办2019年"大国工匠年度人物"发布活动,发布了10位2019年"大国工匠年度人物"。

11月24日　习近平总书记在全国劳动模范和先进工作者表彰大会上发表重要讲话,精辟概括了工匠精神的内涵:执着专注、精益求精、一丝不苟、追求卓越,并指出劳模精神、劳动精神、工匠精神是以爱国主义为核心的民族精神和以改革创新为核心的时代精神的生动体现,是鼓舞全党全国各族人民风雨无阻、勇敢前进的强大精神动力。

2021年

1月　中华全国总工会印发《全国职工素质建设工程五年规划(2021—2025年)》。

7月16日　《中国工运事业和工会工作"十四五"发展规划》正式印发。工会"十四五"规划中出现了21次关于"工匠"的内容,强调要大力弘扬劳模精神、劳动精神、工匠精神;培育大国工匠;持续开展"最美职工"、"大国工匠"等主题宣传;深化劳模和工匠人才创新工作室创建工作;深化新时代工匠学院建设;持续开展"阅读经典好书 争当时代工匠"活动;深入开展"大国工匠进校园"活动等。

2022年

3月2日 全国总工会联合中央广播电视总台举办2021年"大国工匠年度人物"发布活动,发布了10位2021年"大国工匠年度人物"。

4月27日 首届大国工匠创新交流大会召开。习近平总书记向首届大国工匠创新交流大会发来贺信。

9月2日 首届大国工匠论坛在长沙召开。

10月16日 中国共产党第二十次全国代表大会上的报告指出,加快建设国家战略人才力量,努力培养造就更多大师、战略科学家、一流科技领军人才和创新团队、青年科技人才、卓越工程师、大国工匠、高技能人才。

大国工匠

2023 年

2月28日 全国总工会联合中央广播电视总台举办2022年"大国工匠年度人物"发布活动,发布了10位2022年"大国工匠年度人物"。

7月28日至30日 第二届大国工匠创新交流大会暨大国工匠论坛在北京召开。

图书在版编目（CIP）数据

大国工匠 / 郑莉编著 .—北京：中国工人出版社，2023.9
ISBN 978-7-5008-8244-2

Ⅰ.①大… Ⅱ.①郑… Ⅲ.①工会工作–概况–中国 Ⅳ.① D412.6

中国国家版本馆 CIP 数据核字（2023）第 152899 号

大国工匠

出 版 人	董　宽
责任编辑	习艳群
责任校对	张　彦
责任印制	栾征宇
出版发行	中国工人出版社
地　　址	北京市东城区鼓楼外大街45号　邮编：100120
网　　址	http://www.wp-china.com
电　　话	（010）62005043（总编室）
	（010）62005039（印制管理中心）
	（010）62382916（工会与劳动关系分社）
发行热线	（010）82029051　62383056
经　　销	各地书店
印　　刷	三河市国英印务有限公司
开　　本	787毫米×1092毫米　1/32
印　　张	4.5
字　　数	70千字
版　　次	2023年10月第1版　2024年11月第2次印刷
定　　价	38.00元

本书如有破损、缺页、装订错误，请与本社印制管理中心联系更换
版权所有　侵权必究